Ivan Koesjnir

Economie van Zuidwest-Azië

Serie "Economie in landen"

eerst gepubliceerd: 2021
laatst bijgewerkt: 2021-02-02

Ivan Koesjnir. Economie van Zuidwest-Azië. Serie "Economie in landen". - 2021. - 71 pages.

Dit boek over de economie van Zuidwest-Azië van de jaren 1970 tot de jaren 2010. Brongegevens uit UN Data.

Grootte. In de jaren 2010 was het bruto binnenlands product van Zuidwest-Azië gelijk aan US$3,1 biljoen per jaar; de waarde van de landbouw was US$113,7 miljard; de waarde van de industrie was US$1,1 biljoen.

Productiviteit. In de jaren 2010 bedroeg het bruto binnenlands product per hoofd van de bevolking $12.257,5, de waarde van de landbouw per hoofd $446,9, de waarde van de industrie per hoofd $4.306,4. Omdat de productiviteit tussen het gemiddelde en het gemiddelde boven het gemiddelde ligt, wordt de economie geclassificeerd als ontwikkeld.

Groei. In de jaren 2010 bedroeg de groei van het bruto binnenlands product 3,9%; de groei van de landbouw was 2,2%; de groei van de industrie was 3,4%.

Structuur. In de jaren 2010 omvatte de economie van Zuidwest-Azië: industrie (36,5%), diensten (32,4%), handel (11,9%), vervoer (8,5%), bouw (6,8%) en landbouw (3,8%).

Uitvoer en invoer. In de jaren 2010 was de uitvoer 23,8% hoger dan de invoer, de netto-uitvoer was gelijk aan 8,8% van het BBP.

Consumptie en reproductie. De houding van reproductie ten opzichte van de consumptie is niet beter dan het mondiale gemiddelde, dus het aandeel van het BBP in de wereld zal niet toenemen.

Serie "Economie in landen": parallel.page.link/nl

ISBN: 9798701855937

Inhoud

Part I. Grootte

de jaren 2010

BBP   US$3,1 biljoen
Het aandeel in de wereld   4,0%
Het aandeel in Azië   11,4%

Hoofdstuk I. Bruto binnenlands product

Het bruto binnenlands product van Zuidwest-Azië steeg van US$169,7 miljard per jaar in de jaren 1970 tot US$3,1 biljoen per jaar in de jaren 2010, dat wil zeggen met US$2,9 biljoen of 18,4 keer. De verandering vond plaats op US$2,4 biljoen als gevolg van een 4,3-voudige stijging van de prijzen, en ook op US$216,2 miljard als gevolg van een 1,4-voudige toename van de productiviteit , evenals op US$341,6 miljard als gevolg van de toename van de bevolking. De gemiddelde jaarlijkse groei van het BBP is 4,1%. De minimumwaarde van het BBP bedroeg US$50,6 miljard in 1970. De maximumwaarde van het BBP bedroeg US$3,4 biljoen in 2014.

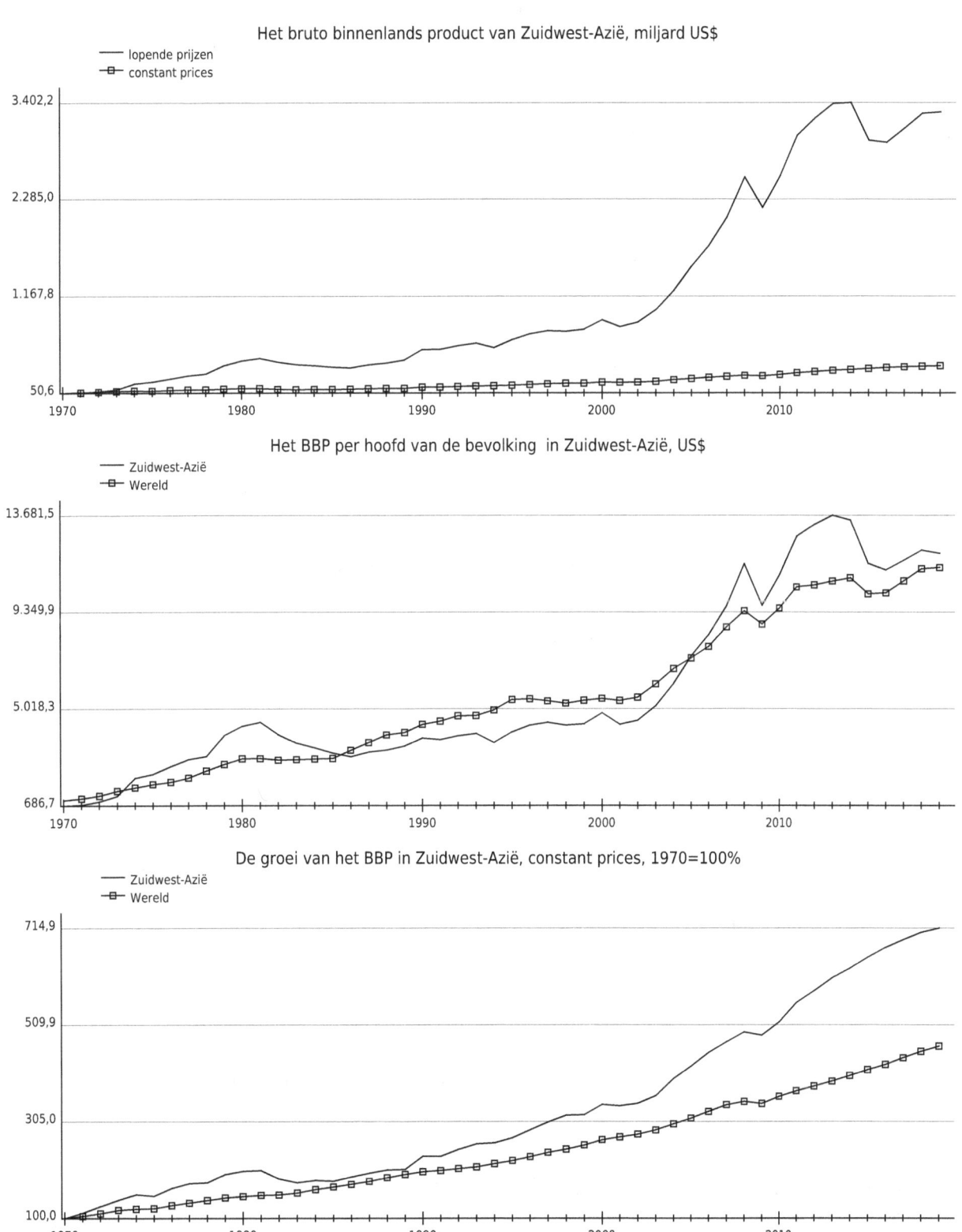

de jaren 1970

Het bruto binnenlands product van Zuidwest-Azië bedroeg in de jaren 1970 US$169,7 miljard per jaar, en was vergelijkbaar met Canada (US$166,4 miljard). Het aandeel in de wereld was 2,6%, en 13,9% in Azië.

Het bruto binnenlands product van Zuidwest-Azië bestond uit: huishoudelijke uitgaven (45,6%), kapitaalvorming (23,8%), overheidsuitgaven (15,0%) en netto-uitvoer (12,8%).

Het BBP per hoofd in Zuidwest-Azië was $2.010,0 in de jaren 1970s, en was vergelijkbaar met Oman (US$2,0 duizend), Argentinië (US$1.988,4). Het BBP per hoofd in Zuidwest-Azië was 24,0% hoger dan het bruto binnenlands product per hoofd van de bevolking in de wereld ($1.620,8), en was in 3,8 keer hoger dan het bruto binnenlands product per hoofd van de bevolking in Azië ($1.620,8).

De groei van het BBP in Zuidwest-Azië bedroeg 7.6% in de jaren 1970, en was vergelijkbaar met Noord-Korea (7,6%), Mauritius (7,6%), Lesotho (7,6%). De groei van het bruto binnenlands product in Zuidwest-Azië (7,6%) was groter dan de groei van het BBP in de wereld (4,1%), was groter dan de groei van het bruto binnenlands product in Azië (5,5%).

Vergelijking met subregio's. Het bruto binnenlands product van Zuidwest-Azië was groter dan in Zuidoost-Azië (US$91,8 miljard); maar minder dan in Oost-Azië (US$777,3 miljard) en in Zuid-Azië (US$180,6 miljard). Het bruto binnenlands product per hoofd in Zuidwest-Azië was in Zuidwest-Azië groter dan in Oost-Azië (US$709,4), in Zuidoost-Azië (US$290,9) en in Zuid-Azië (US$218,7). De groei van het BBP in Zuidwest-Azië was groter dan in Zuidoost-Azië (7,1%), in Oost-Azië (5,3%) en in Zuid-Azië (2,7%).

Leiders. Het BBP van Zuidwest-Azië in de jaren 1970 bestond uit: Turkije (35,8%), Saoedi-Arabië (27,1%), Verenigde Arabische Emiraten (8,0%), Israël (7,7%), Koeweit (6,4%), en andere (15,0%). Het BBP per hoofd in Zuidwest-Azië onder de leiders: Verenigde Arabische Emiraten ($25.225,5), Koeweit ($10.866,2), Saoedi-Arabië ($6.270,5), Israël ($4.017,5) en Turkije ($1.563,7). De groei van het bruto binnenlands product onder de leiders: Verenigde Arabische Emiraten (13,0%), Saoedi-Arabië (11,2%), Israël (5,7%), Turkije (4,8%) en Koeweit (-0,065%).

de jaren 1980

Het bruto binnenlands product van Zuidwest-Azië bedroeg in de jaren 1980 US$390,9 miljard per jaar, en was vergelijkbaar met Canada (US$385,1 miljard). Het aandeel in de wereld was 2,6%, en 11,3% in Azië.

Het BBP van Zuidwest-Azië bestond uit: huishoudelijke uitgaven (50,0%), kapitaalvorming (23,4%), overheidsuitgaven (19,3%) en netto-uitvoer (4,8%).

Het bruto binnenlands product per hoofd in Zuidwest-Azië was $3.440,0 in de jaren 1980s, en was vergelijkbaar met de Seychellen (US$3,4 duizend), Tsjecho-Slowakije (US$3,4 duizend). Het bruto binnenlands product per hoofd in Zuidwest-Azië was 10,1% hoger dan het bruto binnenlands product per hoofd van de bevolking in de wereld ($3.123,4), en was in 2,8 keer hoger dan het bruto binnenlands product per hoofd van de bevolking in Azië ($3.123,4).

De groei van het bruto binnenlands product in Zuidwest-Azië bedroeg 0.5% in de jaren 1980. De groei van het BBP in Zuidwest-Azië (0,53%) was minder dan de groei van het bruto binnenlands product in de wereld (3,0%), was minder dan de groei van het bruto binnenlands product in Azië (4,6%).

Vergelijking met subregio's. Het bruto binnenlands product van Zuidwest-Azië was groter dan in Zuidoost-Azië (US$252,8 miljard); maar minder dan in Oost-Azië (US$2,4 biljoen) en in Zuid-Azië (US$420,8 miljard). Het bruto binnenlands product per hoofd in Zuidwest-Azië was in Zuidwest-Azië groter dan in Oost-Azië (US$1.880,1), in Zuidoost-Azië (US$637,6) en in Zuid-Azië (US$401,2). De groei van het BBP in Zuidwest-Azië was minder dan in Oost-Azië (5,7%), in Zuidoost-Azië (5,3%) en in Zuid-Azië (3,5%).

Leiders. Het BBP van Zuidwest-Azië in de jaren 1980 bestond uit: Saoedi-Arabië (31,0%), Turkije (26,6%), Verenigde Arabische Emiraten (10,7%), Israël (8,7%), Koeweit (5,8%), en andere (17,3%). Het bruto binnenlands product per hoofd in Zuidwest-Azië onder de leiders: Verenigde Arabische Emiraten ($30.975,0), Koeweit ($13.086,9), Saoedi-Arabië ($9.516,8), Israël ($8.462,8) en Turkije ($2.139,4). De groei van het bruto binnenlands product onder de leiders: Turkije (4,0%), Israël (3,2%), Verenigde Arabische Emiraten (0,96%), Koeweit (-1,8%) en Saoedi-Arabië (-2,7%).

de jaren 1990

Het bruto binnenlands product van Zuidwest-Azië bedroeg in de jaren 1990 US$658,5 miljard per jaar. Het aandeel in de wereld was 2,3%, en 8,5% in Azië.

Het BBP van Zuidwest-Azië bestond uit: huishoudelijke uitgaven (56,5%), kapitaalvorming (23,3%) en overheidsuitgaven (18,5%).

Het BBP per hoofd in Zuidwest-Azië was $4.003,0 in de jaren 1990s, en was vergelijkbaar met Turkije (US$4,0 duizend), Centraal-Amerika (US$4,0 duizend), Oost-Azië (US$4,0 duizend). Het BBP per hoofd in Zuidwest-Azië was 20,3% lager dan het bruto binnenlands product per hoofd van de bevolking in de wereld ($5.020,1), en was 78,4% hoger dan het bruto binnenlands product per hoofd van de bevolking in Azië ($5.020,1).

De groei van het bruto binnenlands product in Zuidwest-Azië bedroeg 4.6% in de jaren 1990, en was vergelijkbaar met Indonesië (4,6%), Luxemburg (4,7%). De groei van het BBP in Zuidwest-Azië (4,6%) was groter dan de groei van het bruto binnenlands product in de wereld (2,8%), was minder dan de groei van het bruto binnenlands product in Azië (4,7%).

Vergelijking met subregio's. Het BBP van Zuidwest-Azië was groter dan in Zuid-Azië (US$601,6 miljard), in Zuidoost-Azië (US$571,6 miljard) en in Centraal-Azië (US$47,0 miljard); maar minder dan in Oost-Azië (US$5,9 biljoen). Het bruto binnenlands product per hoofd in Zuidwest-Azië was in Zuidwest-Azië groter dan in Zuidoost-Azië (US$1.187,4), in Centraal-Azië (US$891,5) en in Zuid-Azië (US$459,4); maar minder dan in Oost-Azië (US$4,0 duizend). De groei van het bruto binnenlands product in Zuidwest-Azië was groter dan in Oost-Azië (4,4%) en in Centraal-Azië (-4,0%); maar minder dan in Zuidoost-Azië (5,2%) en in Zuid-Azië (5,1%).

Leiders. Het bruto binnenlands product van Zuidwest-Azië in de jaren 1990 bestond uit: Turkije (35,5%), Saoedi-Arabië (21,7%), Israël (14,0%), Verenigde Arabische Emiraten (10,0%), Koeweit (3,7%), en andere (15,1%). Het BBP per hoofd in Zuidwest-Azië onder de leiders: Verenigde Arabische Emiraten ($27.782,1), Israël ($17.851,0), Koeweit ($13.333,9), Saoedi-Arabië ($7.800,6) en Turkije ($4.031,0). De groei van het BBP onder de leiders: Israël (6,0%), Verenigde Arabische Emiraten (5,9%), Turkije (3,9%), Saoedi-Arabië (3,5%) en Koeweit (2,3%).

de jaren 2000

Het bruto binnenlands product van Zuidwest-Azië bedroeg in de jaren 2000 US$1,5 biljoen per jaar. Het aandeel in de wereld was 3,2%, en 11,8% in Azië.

Het BBP van Zuidwest-Azië bestond uit: huishoudelijke uitgaven (49,7%), kapitaalvorming (24,4%), overheidsuitgaven (16,4%) en netto-uitvoer (9,4%).

Het BBP per hoofd in Zuidwest-Azië was $7.291,7 in de jaren 2000s, en was vergelijkbaar met de Wereld (US$7,2 duizend), Chili (US$7,4 duizend). Het BBP per hoofd in Zuidwest-Azië was 1,6% hoger dan het bruto binnenlands product per hoofd van de bevolking in de wereld ($7.176,3), en was in 2,3 keer hoger dan het bruto binnenlands product per hoofd van de bevolking in Azië ($7.176,3).

De groei van het bruto binnenlands product in Zuidwest-Azië bedroeg 4.3% in de jaren 2000, en was vergelijkbaar met Tunesië (4,3%), Iran (4,3%), Honduras (4,3%). De groei van het BBP in Zuidwest-Azië (4,3%) was groter dan de groei van het bruto binnenlands product in de wereld (3,0%), was minder dan de groei van het BBP in Azië (5,2%).

Vergelijking met subregio's. Het bruto binnenlands product van Zuidwest-Azië was groter dan in Zuid-Azië (US$1,3 biljoen), in Zuidoost-Azië (US$1,0 biljoen) en in Centraal-Azië (US$102,4 miljard); maar minder dan in Oost-Azië (US$8,7 biljoen). Het BBP per hoofd in Zuidwest-Azië was in Zuidwest-Azië groter dan in Oost-Azië (US$5,6 duizend), in Zuidoost-Azië (US$1.827,8), in Centraal-Azië (US$1.757,0) en in Zuid-Azië (US$823,6). De groei van het BBP in Zuidwest-Azië was minder dan in Centraal-Azië (7,8%), in Zuid-Azië (5,7%), in Oost-Azië (5,3%) en in Zuidoost-Azië (5,1%).

Leiders. Het bruto binnenlands product van Zuidwest-Azië in de jaren 2000 bestond uit: Turkije (30,9%), Saoedi-Arabië (20,9%), Verenigde Arabische Emiraten (12,4%), Israël (10,4%), Koeweit (5,2%), en andere (20,2%). Het BBP per hoofd in Zuidwest-Azië onder de leiders: Verenigde Arabische Emiraten ($37.798,9), Koeweit ($33.017,3), Israël ($23.737,4), Saoedi-Arabië ($13.209,8) en Turkije ($6.834,6). De groei van het BBP onder de leiders: Koeweit (5,3%), Verenigde Arabische Emiraten (4,9%), Turkije (3,9%), Israël (3,5%) en Saoedi-Arabië (3,4%).

de jaren 2010

Het BBP van Zuidwest-Azië bedroeg in de jaren 2010 US$3,1 biljoen per jaar. Het aandeel in de wereld was 4,0%, en 11,4% in Azië.

Het bruto binnenlands product van Zuidwest-Azië bestond uit: huishoudelijke uitgaven (47,3%), kapitaalvorming (26,1%), overheidsuitgaven (17,8%) en netto-uitvoer (8,8%).

Het BBP per hoofd in Zuidwest-Azië was $12.257,5 in de jaren 2010s, en was vergelijkbaar met Rusland (US$12,3 duizend), Montserrat

(US$12,4 duizend), Polynesië (US$12,5 duizend). Het bruto binnenlands product per hoofd in Zuidwest-Azië was 15,6% hoger dan het bruto binnenlands product per hoofd van de bevolking in de wereld ($10.603,1), en was 97,5% hoger dan het bruto binnenlands product per hoofd van de bevolking in Azië ($10.603,1).

De groei van het BBP in Zuidwest-Azië bedroeg 3.9% in de jaren 2010, en was vergelijkbaar met de Turks- en Caicoseilanden (3,9%). De groei van het bruto binnenlands product in Zuidwest-Azië (3,9%) was groter dan de groei van het bruto binnenlands product in de wereld (3,1%), was minder dan de groei van het BBP in Azië (5,2%).

Vergelijking met subregio's. Het BBP van Zuidwest-Azië was 21,0% groter dan in Zuidoost-Azië (US$2,6 biljoen) en 10,3 keer groter dan in Centraal-Azië (US$301,6 miljard); maar 5,8 keer minder dan in Oost-Azië (US$18,1 biljoen) en 4,7% minder dan in Zuid-Azië (US$3,3 biljoen). Het BBP per hoofd in Zuidwest-Azië was in Zuidwest-Azië11,1% groter dan in Oost-Azië (US$11,0 duizend), 2,8 keer groter dan in Centraal-Azië (US$4,4 duizend), 3,0 keer groter dan in Zuidoost-Azië (US$4,1 duizend) en 6,8 keer groter dan in Zuid-Azië (US$1.801,7). De groei van het bruto binnenlands product in Zuidwest-Azië was minder dan in Zuid-Azië (5,6%), in Centraal-Azië (5,5%), in Oost-Azië (5,4%) en in Zuidoost-Azië (5,2%).

Leiders. Het bruto binnenlands product van Zuidwest-Azië in de jaren 2010 bestond uit: Turkije (27,3%), Saoedi-Arabië (22,5%), Verenigde Arabische Emiraten (12,0%), Israël (9,9%), Irak (6,3%), en andere (21,9%). Het bruto binnenlands product per hoofd in Zuidwest-Azië onder de leiders: Verenigde Arabische Emiraten ($40.539,3), Israël ($39.012,9), Saoedi-Arabië ($22.523,1), Turkije ($10.947,2) en Irak ($5.670,8). De groei van het bruto binnenlands product onder de leiders: Turkije (5,8%), Irak (5,4%), Israël (3,8%), Verenigde Arabische Emiraten (3,6%) en Saoedi-Arabië (3,4%).

Hoofdstuk II. Toegevoegde waarde

De toegevoegde waarde van Zuidwest-Azië steeg van US$161,1 miljard per jaar in de jaren 1970 tot US$3,0 biljoen per jaar in de jaren 2010, dat wil zeggen met US$2,8 biljoen of 18,6 keer. De verandering vond plaats op US$2,4 biljoen als gevolg van een 4,7-voudige stijging van de prijzen, en ook op US$153,1 miljard als gevolg van een 1,3-voudige toename van de productiviteit , evenals op US$324,3 miljard als gevolg van de toename van de bevolking. De gemiddelde jaarlijkse groei van de toegevoegde waarde is 3,9%. De minimumwaarde van de toegevoegde waarde bedroeg US$47,1 miljard in 1970. De maximumwaarde van de toegevoegde waarde bedroeg US$3,3 biljoen in 2014.

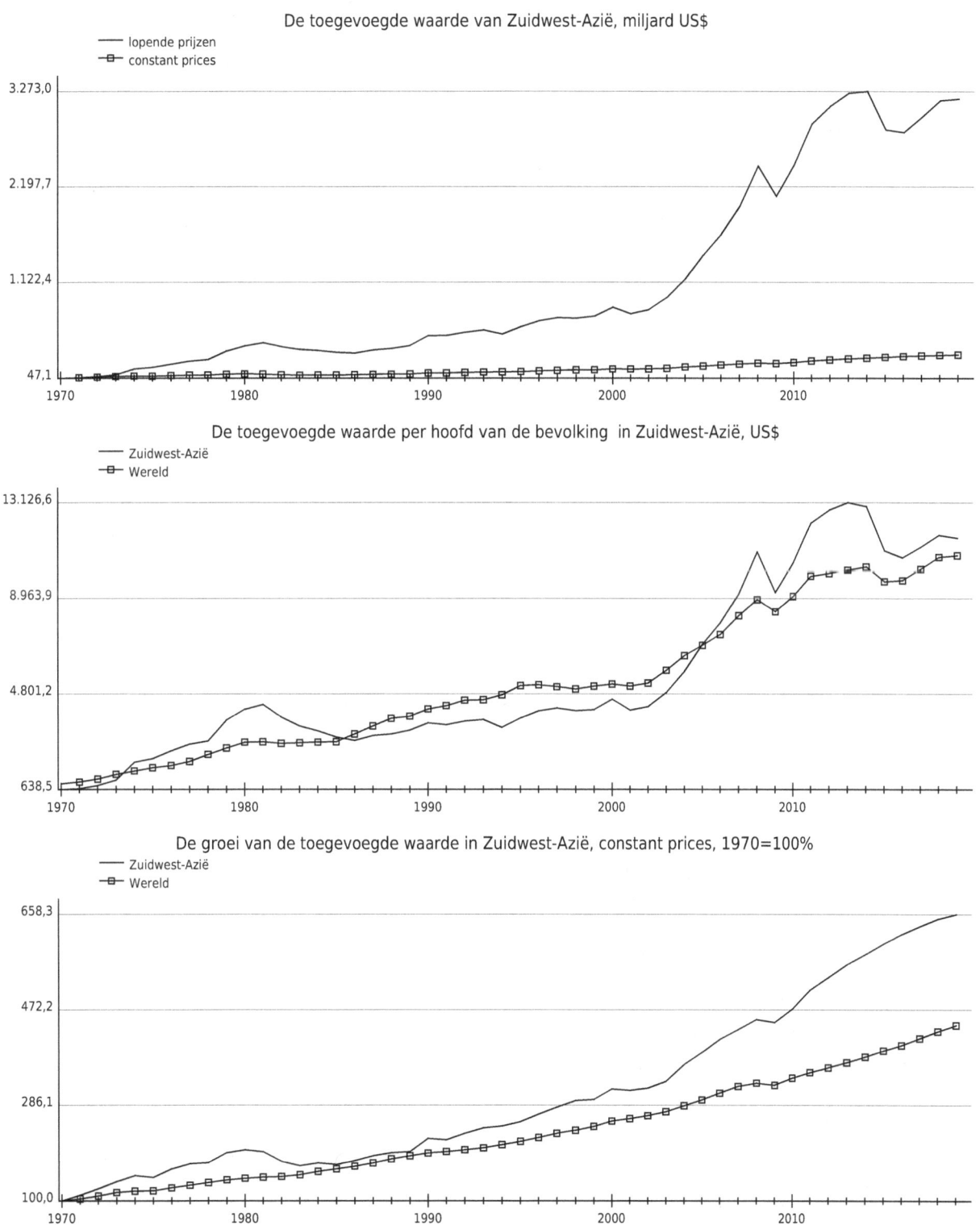

De toegevoegde waarde van Zuidwest-Azië, miljard US$

De toegevoegde waarde per hoofd van de bevolking in Zuidwest-Azië, US$

De groei van de toegevoegde waarde in Zuidwest-Azië, constant prices, 1970=100%

de jaren 1970

De toegevoegde waarde van Zuidwest-Azië bedroeg in de jaren 1970 US$161,1 miljard per jaar. Het aandeel in de wereld was 2,6%, en 13,7% in Azië.

De totale toegevoegde waarde van Zuidwest-Azië bestond uit: industrie (42,4%), diensten (23,4%), landbouw (10,9%), handel (9,9%), constructie (7,7%) en transport (5,7%).

De toegevoegde waarde per hoofd in Zuidwest-Azië was $1.908,3 in de jaren 1970s, en was vergelijkbaar met Tsjecho-Slowakije (US$1.905,1), Polynesië (US$1.902,9). De toegevoegde waarde per hoofd in Zuidwest-Azië was 22,0% hoger dan de toegevoegde waarde per hoofd van de bevolking in de wereld ($1.564,4), en was in 3,8 keer hoger dan de toegevoegde waarde per hoofd van de bevolking in Azië ($1.564,4).

De groei van de toegevoegde waarde in Zuidwest-Azië bedroeg 7.6% in de jaren 1970, en was vergelijkbaar met Noord-Korea (7,6%), de Dominicaanse Republiek (7,6%), Indonesië (7,7%). De groei van de toegevoegde waarde in Zuidwest-Azië (7,6%) was groter dan de groei van de toegevoegde waarde in de wereld (3,9%), was groter dan de groei van de toegevoegde waarde in Azië (5,5%).

Vergelijking met subregio's. De toegevoegde waarde van Zuidwest-Azië was groter dan in Zuidoost-Azië (US$89,5 miljard); maar minder dan in Oost-Azië (US$760,5 miljard) en in Zuid-Azië (US$169,1 miljard). De toegevoegde waarde per hoofd in Zuidwest-Azië was in Zuidwest-Azië groter dan in Oost-Azië (US$694,0), in Zuidoost-Azië (US$283,8) en in Zuid-Azië (US$204,7). De groei van de toegevoegde waarde in Zuidwest-Azië was groter dan in Zuidoost-Azië (7,0%), in Oost-Azië (5,3%) en in Zuid-Azië (3,0%).

Leiders. De toegevoegde waarde van Zuidwest-Azië in de jaren 1970 bestond uit: Turkije (32,5%), Saoedi-Arabië (28,6%), Verenigde Arabische Emiraten (8,3%), Israël (8,0%), Koeweit (6,7%), en andere (16,0%). De toegevoegde waarde per hoofd in Zuidwest-Azië onder de leiders: Verenigde Arabische Emiraten ($24.791,0), Koeweit ($10.782,5), Saoedi-Arabië ($6.279,4), Israël ($3.961,8) en Turkije ($1.345,5). De groei van de toegevoegde waarde onder de leiders: Verenigde Arabische Emiraten (12,8%), Saoedi-Arabië (11,3%), Israël (5,3%), Turkije (4,7%) en Koeweit (0,32%).

de jaren 1980

De toegevoegde waarde van Zuidwest-Azië bedroeg in de jaren 1980 US$379,4 miljard per jaar, en was vergelijkbaar met Zuid-Azië (US$384,1 miljard). Het aandeel in de wereld was 2,6%, en 11,2% in Azië.

De totale toegevoegde waarde van Zuidwest-Azië bestond uit: industrie (37,4%), diensten (28,8%), handel (11,9%), bouw (8,0%), landbouw (7,3%) en transport (6,6%).

De toegevoegde waarde per hoofd in Zuidwest-Azië was $3.338,3 in de jaren 1980s, en was vergelijkbaar met Tsjecho-Slowakije (US$3,4 duizend). De toegevoegde waarde per hoofd in Zuidwest-Azië was 10,2% hoger dan de toegevoegde waarde per hoofd van de bevolking in de wereld ($3.029,9), en was in 2,8 keer hoger dan de toegevoegde waarde per hoofd van de bevolking in Azië ($3.029,9).

De groei van de toegevoegde waarde in Zuidwest-Azië bedroeg 0.1% in de jaren 1980. De groei van de toegevoegde waarde in Zuidwest-Azië (0,11%) was minder dan de groei van de toegevoegde waarde in de wereld (2,9%), was minder dan de groei van de toegevoegde waarde in Azië (4,3%).

Vergelijking met subregio's. De toegevoegde waarde van Zuidwest-Azië was groter dan in Zuidoost-Azië (US$249,0 miljard); maar minder dan in Oost-Azië (US$2,4 biljoen) en in Zuid-Azië (US$384,1 miljard). De toegevoegde waarde per hoofd in Zuidwest-Azië was in Zuidwest-Azië groter dan in Oost-Azië (US$1.854,0), in Zuidoost-Azië (US$628,1) en in Zuid-Azië (US$366,2). De groei van de toegevoegde waarde in Zuidwest-Azië was minder dan in Oost-Azië (5,6%), in Zuidoost-Azië (5,2%) en in Zuid-Azië (2,7%).

Leiders. De toegevoegde waarde van Zuidwest-Azië in de jaren 1980 bestond uit: Saoedi-Arabië (32,1%), Turkije (24,5%), Verenigde Arabische Emiraten (10,8%), Israël (8,4%), Koeweit (5,9%), en andere (18,3%). De toegevoegde waarde per hoofd in Zuidwest-Azië onder de leiders: Verenigde Arabische Emiraten ($30.213,9), Koeweit ($13.136,4), Saoedi-Arabië ($9.572,4), Israël ($7.922,6) en Turkije ($1.913,9). De groei van de toegevoegde waarde onder de leiders: Turkije (3,6%), Israël (2,8%), Verenigde Arabische Emiraten (-0,11%), Koeweit (-1,4%) en Saoedi-Arabië (-2,7%).

de jaren 1990

De toegevoegde waarde van Zuidwest-Azië bedroeg in de jaren 1990 US$623,5 miljard per jaar. Het aandeel in de wereld was 2,3%, en

8,2% in Azië.

De totale toegevoegde waarde van Zuidwest-Azië bestond uit: industrie (33,3%), diensten (30,7%), handel (13,1%), transport (8,1%), landbouw (8,0%) en constructie (6,9%).

De toegevoegde waarde per hoofd in Zuidwest-Azië was $3.790,1 in de jaren 1990s, en was vergelijkbaar met Nauru (US$3,8 duizend), Maleisië (US$3,7 duizend). De toegevoegde waarde per hoofd in Zuidwest-Azië was 21,0% lager dan de toegevoegde waarde per hoofd van de bevolking in de wereld ($4.799,9), en was 72,5% hoger dan de toegevoegde waarde per hoofd van de bevolking in Azië ($4.799,9).

De groei van de toegevoegde waarde in Zuidwest-Azië bedroeg 4.3% in de jaren 1990, en was vergelijkbaar met Hongkong (4,2%), Costa Rica (4,3%), Bolivia (4,3%). De groei van de toegevoegde waarde in Zuidwest-Azië (4,3%) was groter dan de groei van de toegevoegde waarde in de wereld (2,7%), was minder dan de groei van de toegevoegde waarde in Azië (4,6%).

Vergelijking met subregio's. De toegevoegde waarde van Zuidwest-Azië was groter dan in Zuidoost-Azië (US$570,7 miljard), in Zuid-Azië (US$550,8 miljard) en in Centraal-Azië (US$45,9 miljard); maar minder dan in Oost-Azië (US$5,8 biljoen). De toegevoegde waarde per hoofd in Zuidwest-Azië was in Zuidwest-Azië groter dan in Zuidoost-Azië (US$1.185,5), in Centraal-Azië (US$870,8) en in Zuid-Azië (US$420,6); maar minder dan in Oost-Azië (US$4,0 duizend). De groei van de toegevoegde waarde in Zuidwest-Azië was groter dan in Centraal-Azië (-4,3%); maar minder dan in Zuidoost-Azië (5,1%), in Zuid-Azië (4,9%) en in Oost-Azië (4,4%).

Leiders. De toegevoegde waarde van Zuidwest-Azië in de jaren 1990 bestond uit: Turkije (34,0%), Saoedi-Arabië (23,0%), Israël (13,1%), Verenigde Arabische Emiraten (10,3%), Koeweit (4,0%), en andere (15,7%). De toegevoegde waarde per hoofd in Zuidwest-Azië onder de leiders: Verenigde Arabische Emiraten ($27.086,3), Israël ($15.807,4), Koeweit ($13.601,8), Saoedi-Arabië ($7.824,5) en Turkije ($3.649,1). De groei van de toegevoegde waarde onder de leiders: Israël (5,4%), Verenigde Arabische Emiraten (4,9%), Saoedi-Arabië (3,5%), Turkije (3,3%) en Koeweit (2,4%).

de jaren 2000

De toegevoegde waarde van Zuidwest-Azië bedroeg in de jaren 2000 US$1,4 biljoen per jaar, en was vergelijkbaar met Oost-Europa (US$1,4 biljoen). Het aandeel in de wereld was 3,2%, en 11,5% in Azië.

De totale toegevoegde waarde van Zuidwest-Azië bestond uit: industrie (37,9%), diensten (30,0%), handel (11,8%), transport (9,1%), bouw (6,0%) en landbouw (5,2%).

De toegevoegde waarde per hoofd in Zuidwest-Azië was $6.918,5 in de jaren 2000s, en was vergelijkbaar met Litouwen (US$7,0 duizend), de Wereld (US$6,8 duizend), Chili (US$6,8 duizend). De toegevoegde waarde per hoofd in Zuidwest-Azië was 1,5% hoger dan de toegevoegde waarde per hoofd van de bevolking in de wereld ($6.818,0), en was in 2,2 keer hoger dan de toegevoegde waarde per hoofd van de bevolking in Azië ($6.818,0).

De groei van de toegevoegde waarde in Zuidwest-Azië bedroeg 4.2% in de jaren 2000. De groei van de toegevoegde waarde in Zuidwest-Azië (4,2%) was groter dan de groei van de toegevoegde waarde in de wereld (2,9%), was minder dan de groei van de toegevoegde waarde in Azië (5,1%).

Vergelijking met subregio's. De toegevoegde waarde van Zuidwest-Azië was groter dan in Zuid-Azië (US$1,2 biljoen), in Zuidoost-Azië (US$1,0 biljoen) en in Centraal-Azië (US$97,7 miljard); maar minder dan in Oost-Azië (US$8,6 biljoen). De toegevoegde waarde per hoofd in Zuidwest-Azië was in Zuidwest-Azië groter dan in Oost-Azië (US$5,5 duizend), in Zuidoost-Azië (US$1.807,0), in Centraal-Azië (US$1.675,9) en in Zuid-Azië (US$772,7). De groei van de toegevoegde waarde in Zuidwest-Azië was minder dan in Centraal-Azië (7,5%), in Zuid-Azië (5,6%), in Oost-Azië (5,1%) en in Zuidoost-Azië (4,9%).

Leiders. De toegevoegde waarde van Zuidwest-Azië in de jaren 2000 bestond uit: Turkije (28,9%), Saoedi-Arabië (22,1%), Verenigde Arabische Emiraten (12,9%), Israël (9,8%), Koeweit (5,7%), en andere (20,7%). De toegevoegde waarde per hoofd in Zuidwest-Azië onder de leiders: Verenigde Arabische Emiraten ($37.277,2), Koeweit ($34.348,1), Israël ($21.227,2), Saoedi-Arabië ($13.280,2) en Turkije ($6.046,1). De groei van de toegevoegde waarde onder de leiders: Verenigde Arabische Emiraten (5,0%), Koeweit (5,0%), Turkije (3,7%), Saoedi-Arabië (3,5%) en Israël (3,3%).

de jaren 2010

De toegevoegde waarde van Zuidwest-Azië bedroeg in de jaren 2010 US$3,0 biljoen per jaar, en was vergelijkbaar met Zuid-Azië (US$3,1 biljoen). Het aandeel in de wereld was 4,0%, en 11,2% in Azië.

De totale toegevoegde waarde van Zuidwest-Azië bestond uit: industrie (36,5%), diensten (32,4%), handel (11,9%), vervoer (8,5%), bouw (6,8%) en landbouw (3,8%).

De toegevoegde waarde per hoofd in Zuidwest-Azië was $11.782,9 in de jaren 2010s, en was vergelijkbaar met de Seychellen (US$11,9 duizend), Hongarije (US$12,1 duizend). De toegevoegde waarde per hoofd in Zuidwest-Azië was 16,7% hoger dan de toegevoegde waarde per hoofd van de bevolking in de wereld ($10.094,6), en was 94,3% hoger dan de toegevoegde waarde per hoofd van de bevolking in Azië ($10.094,6).

De groei van de toegevoegde waarde in Zuidwest-Azië bedroeg 3.9% in de jaren 2010, en was vergelijkbaar met Kirgizië (3,9%). De groei van de toegevoegde waarde in Zuidwest-Azië (3,9%) was groter dan de groei van de toegevoegde waarde in de wereld (3,1%), was minder dan de groei van de toegevoegde waarde in Azië (5,3%).

Vergelijking met subregio's. De toegevoegde waarde van Zuidwest-Azië was 19,7% groter dan in Zuidoost-Azië (US$2,5 biljoen) en 10,7 keer groter dan in Centraal-Azië (US$280,7 miljard); maar 6,0 keer minder dan in Oost-Azië (US$17,9 biljoen) en 1,8% minder dan in Zuid-Azië (US$3,1 biljoen). De toegevoegde waarde per hoofd in Zuidwest-Azië was in Zuidwest-Azië7,9% groter dan in Oost-Azië (US$10,9 duizend), 2,9 keer groter dan in Centraal-Azië (US$4,1 duizend), 3,0 keer groter dan in Zuidoost-Azië (US$4,0 duizend) en 7,0 keer groter dan in Zuid-Azië (US$1.681,3). De groei van de toegevoegde waarde in Zuidwest-Azië was minder dan in Zuid-Azië (5,8%), in Centraal-Azië (5,5%), in Oost-Azië (5,4%) en in Zuidoost-Azië (5,1%).

Leiders. De toegevoegde waarde van Zuidwest-Azië in de jaren 2010 bestond uit: Turkije (25,2%), Saoedi-Arabië (23,4%), Verenigde Arabische Emiraten (12,5%), Israël (9,3%), Irak (6,6%), en andere (23,0%). De toegevoegde waarde per hoofd in Zuidwest-Azië onder de leiders: Verenigde Arabische Emiraten ($40.539,3), Israël ($35.039,7), Saoedi-Arabië ($22.526,7), Turkije ($9.689,4) en Irak ($5.708,5). De groei van de toegevoegde waarde onder de leiders: Turkije (5,8%), Irak (5,5%), Israël (3,7%), Verenigde Arabische Emiraten (3,6%) en Saoedi-Arabië (3,4%).

Hoofdstuk III. Bruto nationaal inkomen

Het BNI van Zuidwest-Azië steeg van US$168,6 miljard per jaar in de jaren 1970 tot US$3,1 biljoen per jaar in de jaren 2010, dat wil zeggen met US$2,9 biljoen of 18,5 keer. De verandering vond plaats op US$2,4 biljoen als gevolg van een 4,3-voudige stijging van de prijzen, en ook op US$223,9 miljard als gevolg van een 1,4-voudige toename van de productiviteit , evenals op US$339,4 miljard als gevolg van de toename van de bevolking. De gemiddelde jaarlijkse groei van het BNI is 4,2%. De minimumwaarde van het bruto nationaal inkomen bedroeg US$49,1 miljard in 1970. De maximumwaarde van het bruto nationaal inkomen bedroeg US$3,4 biljoen in 2014.

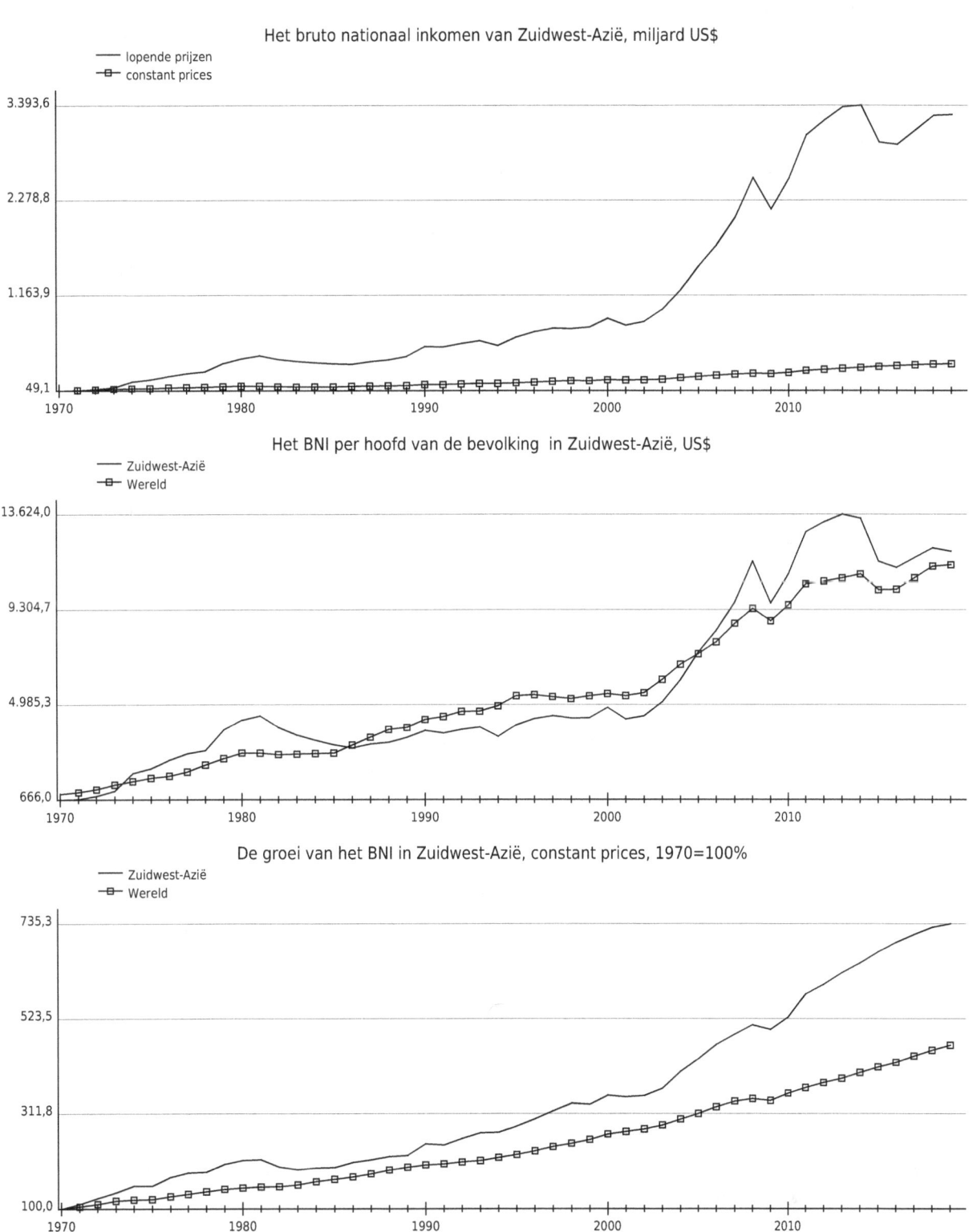

de jaren 1970

Het bruto nationaal inkomen van Zuidwest-Azië bedroeg in de jaren 1970 US$168,6 miljard per jaar, en was vergelijkbaar met China (US$167,9 miljard). Het aandeel in de wereld was 2,6%, en 13,7% in Azië.

Het BNI per hoofd in Zuidwest-Azië was $1.996,8 in de jaren 1970s, en was vergelijkbaar met Suriname (US$1.971,1), Macau (US$2,0 duizend), Cyprus (US$1.960,2). Het bruto nationaal inkomen per hoofd in Zuidwest-Azië was 22,9% hoger dan het bruto nationaal inkomen per hoofd van de bevolking in de wereld ($1.624,3), en was in 3,8 keer hoger dan het bruto nationaal inkomen per hoofd van de bevolking in Azië ($1.624,3).

De groei van het BNI in Zuidwest-Azië bedroeg 8% in de jaren 1970, en was vergelijkbaar met Jemen (8,0%). De groei van het BNI in Zuidwest-Azië (8,0%) was groter dan de groei van het BNI in de wereld (4,1%), was groter dan de groei van het bruto nationaal inkomen in Azië (5,5%).

Vergelijking met subregio's. Het BNI van Zuidwest-Azië was groter dan in Zuidoost-Azië (US$90,0 miljard); maar minder dan in Oost-Azië (US$790,1 miljard) en in Zuid-Azië (US$180,4 miljard). Het bruto nationaal inkomen per hoofd in Zuidwest-Azië was in Zuidwest-Azië groter dan in Oost-Azië (US$721,0), in Zuidoost-Azië (US$285,4) en in Zuid-Azië (US$218,5). De groei van het bruto nationaal inkomen in Zuidwest-Azië was groter dan in Zuidoost-Azië (7,1%), in Oost-Azië (5,2%) en in Zuid-Azië (2,9%).

Leiders. Het bruto nationaal inkomen van Zuidwest-Azië in de jaren 1970 bestond uit: Turkije (37,1%), Saoedi-Arabië (26,2%), Verenigde Arabische Emiraten (7,5%), Israël (7,4%), Koeweit (6,8%), en andere (15,0%). Het BNI per hoofd in Zuidwest-Azië onder de leiders: Verenigde Arabische Emiraten ($23.377,1), Koeweit ($11.418,2), Saoedi-Arabië ($6.021,9), Israël ($3.869,5) en Turkije ($1.609,5). De groei van het BNI onder de leiders: Verenigde Arabische Emiraten (14,1%), Saoedi-Arabië (13,5%), Israël (5,6%), Turkije (4,8%) en Koeweit (2,6%).

de jaren 1980

Het BNI van Zuidwest-Azië bedroeg in de jaren 1980 US$402,6 miljard per jaar. Het aandeel in de wereld was 2,7%, en 11,5% in Azië.

Het BNI per hoofd in Zuidwest-Azië was $3.542,3 in de jaren 1980s, en was vergelijkbaar met de Britse Maagdeneilanden (US$3,6 duizend), Venezuela (US$3,6 duizend). Het BNI per hoofd in Zuidwest-Azië was 13,6% hoger dan het bruto nationaal inkomen per hoofd van de bevolking in de wereld ($3.117,1), en was in 2,9 keer hoger dan het bruto nationaal inkomen per hoofd van de bevolking in Azië ($3.117,1).

De groei van het bruto nationaal inkomen in Zuidwest-Azië bedroeg 0.9% in de jaren 1980. De groei van het bruto nationaal inkomen in Zuidwest-Azië (0,94%) was minder dan de groei van het BNI in de wereld (3,0%), was minder dan de groei van het bruto nationaal inkomen in Azië (4,6%).

Vergelijking met subregio's. Het bruto nationaal inkomen van Zuidwest-Azië was groter dan in Zuidoost-Azië (US$245,7 miljard); maar minder dan in Oost-Azië (US$2,4 biljoen) en in Zuid-Azië (US$422,8 miljard). Het bruto nationaal inkomen per hoofd in Zuidwest-Azië was in Zuidwest-Azië groter dan in Oost-Azië (US$1.901,2), in Zuidoost-Azië (US$619,7) en in Zuid-Azië (US$403,0). De groei van het BNI in Zuidwest-Azië was minder dan in Oost-Azië (5,6%), in Zuidoost-Azië (5,3%) en in Zuid-Azië (3,3%).

Leiders. Het bruto nationaal inkomen van Zuidwest-Azië in de jaren 1980 bestond uit: Saoedi-Arabië (31,5%), Turkije (26,3%), Verenigde Arabische Emiraten (10,3%), Israël (8,0%), Koeweit (7,1%), en andere (16,8%). Het BNI per hoofd in Zuidwest-Azië onder de leiders: Verenigde Arabische Emiraten ($30.699,6), Koeweit ($16.647,0), Saoedi-Arabië ($9.977,4), Israël ($7.994,7) en Turkije ($2.181,4). De groei van het bruto nationaal inkomen onder de leiders: Turkije (4,1%), Israël (3,2%), Verenigde Arabische Emiraten (1,5%), Koeweit (-0,15%) en Saoedi-Arabië (-1,6%).

de jaren 1990

Het bruto nationaal inkomen van Zuidwest-Azië bedroeg in de jaren 1990 US$668,1 miljard per jaar. Het aandeel in de wereld was 2,3%, en 8,5% in Azië.

Het bruto nationaal inkomen per hoofd in Zuidwest-Azië was $4.061,5 in de jaren 1990s, en was vergelijkbaar met Trinidad en Tobago (US$4,1 duizend), Oost-Azië (US$4,1 duizend), Turkije (US$4,1 duizend). Het BNI per hoofd in Zuidwest-Azië was 18,6% lager dan het bruto nationaal inkomen per hoofd van de bevolking in de wereld ($4.991,4), en was 79,9% hoger dan het bruto nationaal inkomen per hoofd van de bevolking in Azië ($4.991,4).

De groei van het BNI in Zuidwest-Azië bedroeg 4.3% in de jaren 1990, en was vergelijkbaar met Trinidad en Tobago (4,2%), Ghana (4,2%), Indonesië (4,3%). De groei van het BNI in Zuidwest-Azië (4,3%) was groter dan de groei van het bruto nationaal inkomen in de wereld (2,8%), was minder dan de groei van het BNI in Azië (4,6%).

Vergelijking met subregio's. Het bruto nationaal inkomen van Zuidwest-Azië was groter dan in Zuid-Azië (US$598,5 miljard), in Zuidoost-Azië (US$562,2 miljard) en in Centraal-Azië (US$47,2 miljard); maar minder dan in Oost-Azië (US$5,9 biljoen). Het bruto nationaal inkomen per hoofd in Zuidwest-Azië was in Zuidwest-Azië groter dan in Zuidoost-Azië (US$1.167,8), in Centraal-Azië (US$894,8) en in Zuid-Azië (US$457,0); maar minder dan in Oost-Azië (US$4,1 duizend). De groei van het BNI in Zuidwest-Azië was groter dan in Centraal-Azië (-4,3%); maar minder dan in Zuidoost-Azië (5,3%), in Zuid-Azië (5,1%) en in Oost-Azië (4,3%).

Leiders. Het bruto nationaal inkomen van Zuidwest-Azië in de jaren 1990 bestond uit: Turkije (35,9%), Saoedi-Arabië (21,7%), Israël (13,3%), Verenigde Arabische Emiraten (10,0%), Koeweit (4,4%), en andere (14,7%). Het BNI per hoofd in Zuidwest-Azië onder de leiders: Verenigde Arabische Emiraten ($28.176,9), Israël ($17.270,2), Koeweit ($16.190,3), Saoedi-Arabië ($7.896,4) en Turkije ($4.129,5). De groei van het bruto nationaal inkomen onder de leiders: Verenigde Arabische Emiraten (6,1%), Israël (6,0%), Turkije (3,9%), Saoedi-Arabië (2,6%) en Koeweit (1,0%).

de jaren 2000

Het bruto nationaal inkomen van Zuidwest-Azië bedroeg in de jaren 2000 US$1,5 biljoen per jaar. Het aandeel in de wereld was 3,2%, en 11,7% in Azië.

Het bruto nationaal inkomen per hoofd in Zuidwest-Azië was $7.275,3 in de jaren 2000s, en was vergelijkbaar met de Wereld (US$7,2 duizend), Equatoriaal-Guinea (US$7,4 duizend). Het BNI per hoofd in Zuidwest-Azië was 1,5% hoger dan het bruto nationaal inkomen per hoofd van de bevolking in de wereld ($7.165,2), en was in 2,3 keer hoger dan het bruto nationaal inkomen per hoofd van de bevolking in Azië ($7.165,2).

De groei van het bruto nationaal inkomen in Zuidwest-Azië bedroeg 4.2% in de jaren 2000, en was vergelijkbaar met Benin (4,2%), Tunesië (4,2%). De groei van het BNI in Zuidwest-Azië (4,2%) was groter dan de groei van het bruto nationaal inkomen in de wereld (3,0%), was minder dan de groei van het bruto nationaal inkomen in Azië (5,3%).

Vergelijking met subregio's. Het BNI van Zuidwest-Azië was groter dan in Zuid-Azië (US$1,3 biljoen), in Zuidoost-Azië (US$1,0 biljoen) en in Centraal-Azië (US$95,7 miljard); maar minder dan in Oost-Azië (US$8,8 biljoen). Het BNI per hoofd in Zuidwest-Azië was in Zuidwest-Azië groter dan in Oost-Azië (US$5,6 duizend), in Zuidoost-Azië (US$1.795,5), in Centraal-Azië (US$1.642,1) en in Zuid-Azië (US$823,6). De groei van het bruto nationaal inkomen in Zuidwest-Azië was minder dan in Centraal-Azië (7,1%), in Zuid-Azië (5,7%), in Oost-Azië (5,4%) en in Zuidoost-Azië (5,2%).

Leiders. Het bruto nationaal inkomen van Zuidwest-Azië in de jaren 2000 bestond uit: Turkije (30,6%), Saoedi-Arabië (21,2%), Verenigde Arabische Emiraten (12,6%), Israël (10,2%), Koeweit (5,7%), en andere (19,7%). Het bruto nationaal inkomen per hoofd in Zuidwest-Azië onder de leiders: Verenigde Arabische Emiraten ($38.458,6), Koeweit ($36.305,5), Israël ($23.155,2), Saoedi-Arabië ($13.372,3) en Turkije ($6.752,6). De groei van het bruto nationaal inkomen onder de leiders: Verenigde Arabische Emiraten (4,8%), Koeweit (4,3%), Israël (3,7%), Saoedi-Arabië (3,5%) en Turkije (3,5%).

de jaren 2010

Het BNI van Zuidwest-Azië bedroeg in de jaren 2010 US$3,1 biljoen per jaar, en was vergelijkbaar met Oost-Europa (US$3,1 biljoen). Het aandeel in de wereld was 4,0%, en 11,3% in Azië.

Het BNI per hoofd in Zuidwest-Azië was $12.236,2 in de jaren 2010s, en was vergelijkbaar met Montserrat (US$12,2 duizend), Nauru (US$12,1 duizend). Het BNI per hoofd in Zuidwest-Azië was 15,3% hoger dan het bruto nationaal inkomen per hoofd van de bevolking in de wereld ($10.611,7), en was 96,5% hoger dan het bruto nationaal inkomen per hoofd van de bevolking in Azië ($10.611,7).

De groei van het BNI in Zuidwest-Azië bedroeg 3.9% in de jaren 2010, en was vergelijkbaar met Guyana (3,9%), Bahrein (3,9%). De groei van het bruto nationaal inkomen in Zuidwest-Azië (3,9%) was groter dan de groei van het bruto nationaal inkomen in de wereld (3,1%), was minder dan de groei van het BNI in Azië (5,2%).

Vergelijking met subregio's. Het bruto nationaal inkomen van Zuidwest-Azië was 22,6% groter dan in Zuidoost-Azië (US$2,5 biljoen) en 11,1 keer groter dan in Centraal-Azië (US$280,7 miljard); maar 5,9 keer minder dan in Oost-Azië (US$18,3 biljoen) en 4,9% minder dan in Zuid-Azië (US$3,3 biljoen). Het BNI per hoofd in Zuidwest-Azië was in Zuidwest-Azië10,0% groter dan in Oost-Azië (US$11,1 duizend), 3,0 keer groter dan in Centraal-Azië (US$4,1 duizend), 3,0 keer groter dan in Zuidoost-Azië (US$4,0 duizend) en 6,8 keer groter dan in Zuid-Azië (US$1.802,0). De groei van het bruto nationaal inkomen in Zuidwest-Azië was minder dan in Zuid-Azië (5,5%), in Centraal-Azië (5,4%), in Oost-Azië (5,3%) en in Zuidoost-Azië (5,2%).

Leiders. Het BNI van Zuidwest-Azië in de jaren 2010 bestond uit: Turkije (26,9%), Saoedi-Arabië (22,9%), Verenigde Arabische Emiraten (12,1%), Israël (9,8%), Irak (6,3%), en andere (22,0%). Het BNI per hoofd in Zuidwest-Azië onder de leiders: Verenigde Arabische Emiraten ($40.573,4), Israël ($38.611,6), Saoedi-Arabië ($22.881,0), Turkije ($10.764,7) en Irak ($5.648,1). De groei van het BNI onder de leiders: Turkije (5,9%), Irak (5,0%), Israël (4,0%), Verenigde Arabische Emiraten (3,4%) en Saoedi-Arabië (3,3%).

Part II. Structuur

de jaren 2010
landbouw   3,8%
industrie   36,5%
constructie   6,8%
handel   11,9%
vervoer   8,5%
diensten   32,4%

Hoofdstuk IV. Landbouw

Landbouw, jacht, bosbouw, vissen (ISIC A-B)

De landbouw van Zuidwest-Azië steeg van US$17,5 miljard per jaar in de jaren 1970 tot US$113,7 miljard per jaar in de jaren 2010, dat wil zeggen met US$96,1 miljard of 6,5 keer. De verandering vond plaats op US$70,2 miljard als gevolg van een 2,6-voudige stijging van de prijzen, en ook op -US$9,3 miljard als gevolg van een 1,2-voudige afname van de productiviteit , evenals op US$35,3 miljard als gevolg van de toename van de bevolking. De gemiddelde jaarlijkse groei van de landbouw is 2,3%. De minimumwaarde van de landbouw bedroeg US$8,3 miljard in 1971. De maximumwaarde van de landbouw bedroeg US$128,8 miljard in 2011.

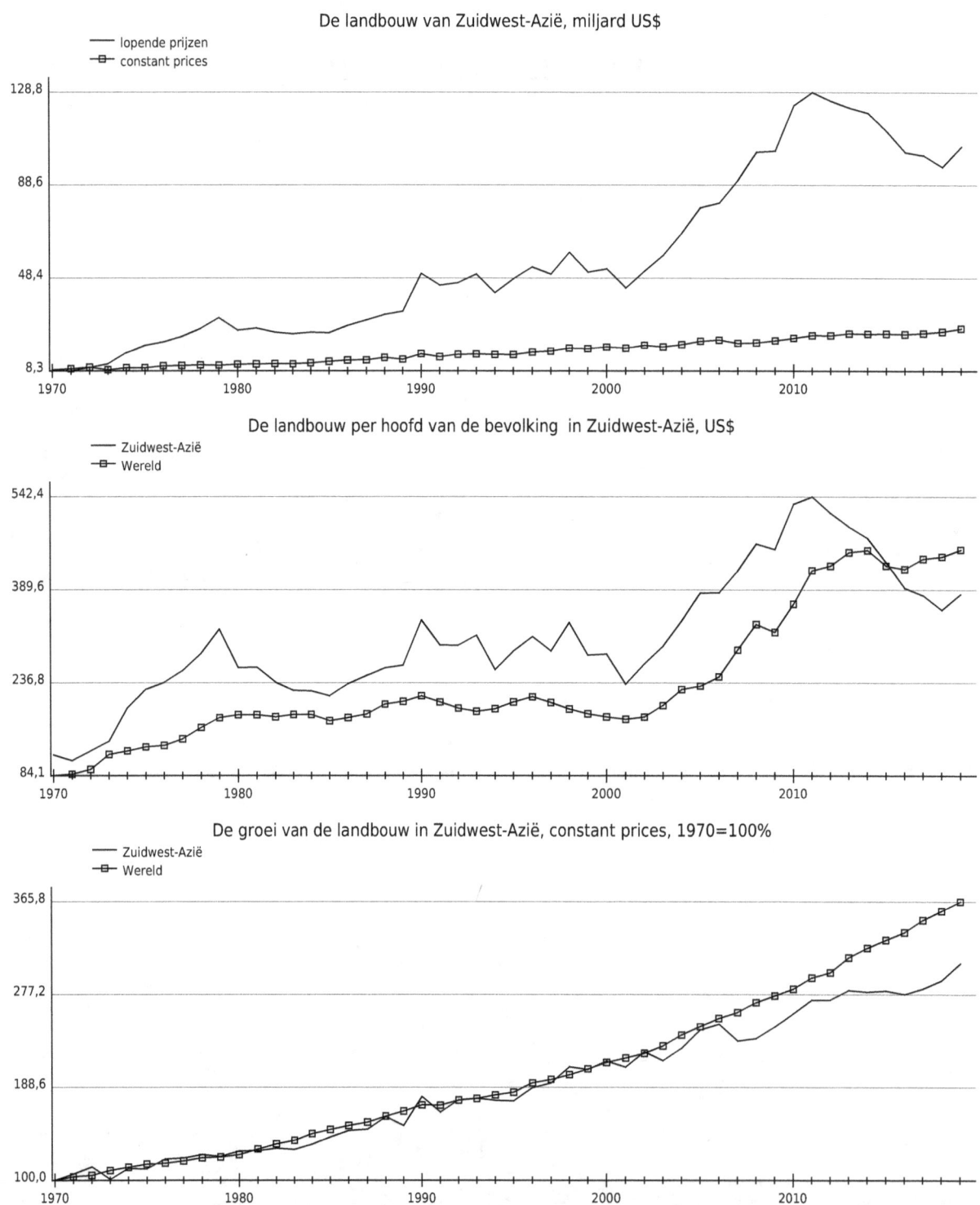

De landbouw van Zuidwest-Azië, miljard US$

De landbouw per hoofd van de bevolking in Zuidwest-Azië, US$

De groei van de landbouw in Zuidwest-Azië, constant prices, 1970=100%

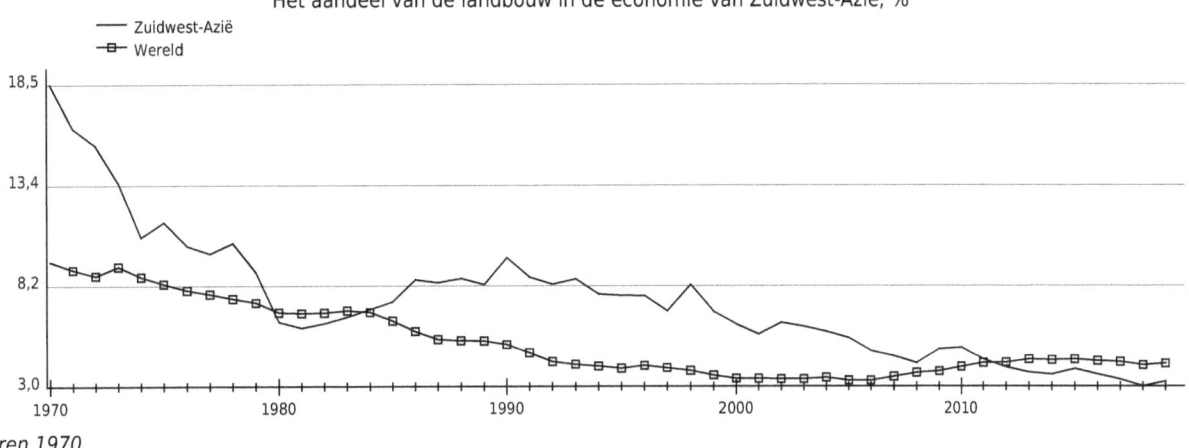

Het aandeel van de landbouw in de economie van Zuidwest-Azië, %

— Zuidwest-Azië
—□— Wereld

de jaren 1970

De sector van de landbouw in Zuidwest-Azië bedroeg in de jaren 1970 US$17,5 miljard per jaar. Het aandeel in de wereld was 3,4%, en 9,8% in Azië.

Het aandeel van de landbouw in de economie van Zuidwest-Azië was 10,9% in de jaren 1970.

De sector van de landbouw per hoofd in Zuidwest-Azië was $207,7 in de jaren 1970s, en was vergelijkbaar met Noord-Amerika (US$205,3), Noord-Europa (US$204,9), Ghana (US$203,7). De landbouw per hoofd in Zuidwest-Azië was 62,7% hoger dan de landbouw per hoofd van de bevolking in de wereld ($127,6), en was in 2,7 keer hoger dan de landbouw per hoofd van de bevolking in Azië ($127,6).

De groei van de landbouw in Zuidwest-Azië bedroeg 2.3% in de jaren 1970. De groei van de landbouw in Zuidwest-Azië (2,3%) was groter dan de groei van de landbouw in de wereld (2,2%), was groter dan de groei van de landbouw in Azië (2,0%).

Vergelijking met subregio's. De waarde van de landbouw in Zuidwest-Azië was minder dan in Oost-Azië (US$85,3 miljard), in Zuid-Azië (US$51,3 miljard) en in Zuidoost-Azië (US$24,0 miljard). De landbouw per hoofd in Zuidwest-Azië was in Zuidwest-Azië groter dan in Oost-Azië (US$77,8), in Zuidoost-Azië (US$76,1) en in Zuid-Azië (US$62,2). De groei van de landbouw in Zuidwest-Azië was groter dan in Oost-Azië (2,1%) en in Zuid-Azië (0,78%); maar minder dan in Zuidoost-Azië (4,0%).

Leiders. De waarde van de landbouw in Zuidwest-Azië in de jaren 1970 bestond uit: Turkije (77,4%), Syrië (5,5%), Irak (4,1%), Israël (4,0%), Saoedi-Arabië (3,3%), en andere (5,8%). Het aandeel van de landbouw in economie van de leiders: Turkije (25,9%), Syrië (19,2%), Irak (8,9%), Israël (5,4%) en Saoedi-Arabië (1,3%). De landbouw per hoofd in Zuidwest-Azië onder de leiders: Turkije ($349,0), Israël ($214,8), Syrië ($129,1), Saoedi-Arabië ($79,9) en Irak ($62,3). De groei van de landbouw onder de leiders: Syrië (7,5%), Saoedi-Arabië (5,9%), Israël (3,5%), Irak (1,7%) en Turkije (1,7%).

de jaren 1980

De waarde van de landbouw in Zuidwest-Azië bedroeg in de jaren 1980 US$27,7 miljard per jaar. Het aandeel in de wereld was 3,1%, en 7,9% in Azië.

Het aandeel van de landbouw in de economie van Zuidwest-Azië was 7,3% in de jaren 1980, en was vergelijkbaar met Finland (7,3%).

De toegevoegde waarde van de landbouw per hoofd in Zuidwest-Azië was $243,6 in de jaren 1980s, en was vergelijkbaar met West-Afrika (US$245,3), Saint Lucia (US$240,3), de Verenigde Arabische Emiraten (US$238,9). De sector van de landbouw per hoofd in Zuidwest-Azië was 30,6% hoger dan de landbouw per hoofd van de bevolking in de wereld ($186,6), en was 98,5% hoger dan de landbouw per hoofd van de bevolking in Azië ($186,6).

De groei van de landbouw in Zuidwest-Azië bedroeg 2.2% in de jaren 1980, en was vergelijkbaar met Djibouti (2,2%). De groei van de landbouw in Zuidwest-Azië (2,2%) was minder dan de groei van de landbouw in de wereld (3,1%), was minder dan de groei van de landbouw in Azië (3,8%).

Vergelijking met subregio's. De waarde van de landbouw in Zuidwest-Azië was minder dan in Oost-Azië (US$166,2 miljard), in Zuid-Azië (US$106,6 miljard) en in Zuidoost-Azië (US$47,8 miljard). De waarde van de landbouw per hoofd in Zuidwest-Azië was in Zuidwest-Azië groter dan in Oost-Azië (US$130,1), in Zuidoost-Azië (US$120,5) en in Zuid-Azië (US$101,6). De groei van de landbouw in Zuidwest-Azië was minder dan in Oost-Azië (4,0%), in Zuid-Azië (3,9%) en in Zuidoost-Azië (3,6%).

Leiders. De toegevoegde waarde van de landbouw in Zuidwest-Azië in de jaren 1980 bestond uit: Turkije (54,0%), Saoedi-Arabië (13,2%), Syrië (11,0%), Irak (9,1%), Israël (4,4%), en andere (8,3%). Het aandeel van de landbouw in economie van de leiders: Syrië (22,0%), Turkije (16,1%), Irak (12,0%), Israël (3,8%) en Saoedi-Arabië (3,0%). De toegevoegde waarde van de landbouw per hoofd in Zuidwest-Azië onder de leiders: Turkije ($308,0), Israël ($301,3), Syrië ($289,8), Saoedi-Arabië ($287,6) en Irak ($165,0). De groei van de landbouw onder de leiders: Saoedi-Arabië (11,9%), Irak (3,7%), Syrië (1,5%), Turkije (0,61%) en Israël (-2,8%).

de jaren 1990

De sector van de landbouw in Zuidwest-Azië bedroeg in de jaren 1990 US$49,6 miljard per jaar. Het aandeel in de wereld was 4,4%, en 9,4% in Azië.

Het aandeel van de landbouw in de economie van Zuidwest-Azië was 8,0% in de jaren 1990, en was vergelijkbaar met Estland (7,9%).

De waarde van de landbouw per hoofd in Zuidwest-Azië was $301,5 in de jaren 1990s, en was vergelijkbaar met Letland (US$301,1), Hongarije (US$300,6), Mauritanië (US$303,0). De toegevoegde waarde van de landbouw per hoofd in Zuidwest-Azië was 50,9% hoger dan de landbouw per hoofd van de bevolking in de wereld ($199,8), en was 98,8% hoger dan de landbouw per hoofd van de bevolking in Azië ($199,8).

De groei van de landbouw in Zuidwest-Azië bedroeg 3% in de jaren 1990, en was vergelijkbaar met Irak (3,0%), Brazilië (3,0%). De groei van de landbouw in Zuidwest-Azië (3,0%) was groter dan de groei van de landbouw in de wereld (2,2%), was minder dan de groei van de landbouw in Azië (3,2%).

Vergelijking met subregio's. De waarde van de landbouw in Zuidwest-Azië was groter dan in Centraal-Azië (US$12,7 miljard); maar minder dan in Oost-Azië (US$253,2 miljard), in Zuid-Azië (US$136,3 miljard) en in Zuidoost-Azië (US$73,5 miljard). De sector van de landbouw per hoofd in Zuidwest-Azië was in Zuidwest-Azië groter dan in Centraal-Azië (US$241,3), in Oost-Azië (US$173,9), in Zuidoost-Azië (US$152,6) en in Zuid-Azië (US$104,1). De groei van de landbouw in Zuidwest-Azië was groter dan in Zuid-Azië (2,9%), in Zuidoost-Azië (2,4%) en in Centraal-Azië (-3,4%); maar minder dan in Oost-Azië (3,2%).

Leiders. De waarde van de landbouw in Zuidwest-Azië in de jaren 1990 bestond uit: Turkije (53,1%), Saoedi-Arabië (16,5%), Syrië (8,3%), Georgië (3,5%), Irak (3,4%), en andere (15,2%). Het aandeel van de landbouw in economie van de leiders: Georgië (40,1%), Syrië (28,2%), Irak (13,8%), Turkije (12,4%) en Saoedi-Arabië (5,7%). De landbouw per hoofd in Zuidwest-Azië onder de leiders: Turkije ($453,8), Saoedi-Arabië ($447,6), Georgië ($343,7), Syrië ($290,2) en Irak ($84,1). De groei van de landbouw onder de leiders: Syrië (6,9%), Irak (3,0%), Saoedi-Arabië (2,0%), Turkije (1,5%) en Georgië (-9,2%).

de jaren 2000

De sector van de landbouw in Zuidwest-Azië bedroeg in de jaren 2000 US$73,1 miljard per jaar. Het aandeel in de wereld was 4,7%, en 9,1% in Azië.

Het aandeel van de landbouw in de economie van Zuidwest-Azië was 5,2% in de jaren 2000, en was vergelijkbaar met Grenada (5,1%).

De sector van de landbouw per hoofd in Zuidwest-Azië was $358,2 in de jaren 2000s, en was vergelijkbaar met Israël (US$361,9). De sector van de landbouw per hoofd in Zuidwest-Azië was 49,1% hoger dan de landbouw per hoofd van de bevolking in de wereld ($240,3), en was 77,0% hoger dan de landbouw per hoofd van de bevolking in Azië ($240,3).

De groei van de landbouw in Zuidwest-Azië bedroeg 1.8% in de jaren 2000. De groei van de landbouw in Zuidwest-Azië (1,8%) was minder dan de groei van de landbouw in de wereld (3,0%), was minder dan de groei van de landbouw in Azië (3,1%).

Vergelijking met subregio's. De toegevoegde waarde van de landbouw in Zuidwest-Azië was groter dan in Centraal-Azië (US$15,3 miljard); maar minder dan in Oost-Azië (US$387,3 miljard), in Zuid-Azië (US$211,6 miljard) en in Zuidoost-Azië (US$113,0 miljard). De landbouw per hoofd in Zuidwest-Azië was in Zuidwest-Azië groter dan in Centraal-Azië (US$262,0), in Oost-Azië (US$248,4), in Zuidoost-Azië (US$202,7) en in Zuid-Azië (US$134,4). De groei van de landbouw in Zuidwest-Azië was minder dan in Centraal-Azië (4,8%), in Zuidoost-Azië (3,6%), in Oost-Azië (3,4%) en in Zuid-Azië (2,3%).

Leiders. De sector van de landbouw in Zuidwest-Azië in de jaren 2000 bestond uit: Turkije (53,4%), Saoedi-Arabië (14,5%), Syrië (9,5%), Irak (4,4%), Israël (3,2%), en andere (15,0%). Het aandeel van de landbouw in economie van de leiders: Syrië (21,9%), Turkije (9,6%), Irak (5,5%), Saoedi-Arabië (3,4%) en Israël (1,7%). De landbouw per hoofd in Zuidwest-Azië onder de leiders: Turkije ($579,8),

Saoedi-Arabië ($449,7), Syrië ($374,6), Israël ($361,9) en Irak ($120,6). De groei van de landbouw onder de leiders: Israël (4,8%), Syrië (2,7%), Turkije (1,9%), Saoedi-Arabië (1,6%) en Irak (-2,6%).

de jaren 2010

De sector van de landbouw in Zuidwest-Azië bedroeg in de jaren 2010 US$113,7 miljard per jaar, en was vergelijkbaar met Oost-Europa (US$116,4 miljard). Het aandeel in de wereld was 3,6%, en 5,9% in Azië.

Het aandeel van de landbouw in de economie van Zuidwest-Azië was 3,8% in de jaren 2010.

De sector van de landbouw per hoofd in Zuidwest-Azië was $446,9 in de jaren 2010s, en was vergelijkbaar met Anguilla (US$447,6), Zuidoost-Azië (US$443,1), Peru (US$440,6). De toegevoegde waarde van de landbouw per hoofd in Zuidwest-Azië was 3,4% hoger dan de landbouw per hoofd van de bevolking in de wereld ($432,1), en was 2,3% hoger dan de landbouw per hoofd van de bevolking in Azië ($432,1).

De groei van de landbouw in Zuidwest-Azië bedroeg 2.2% in de jaren 2010, en was vergelijkbaar met Mauritanië (2,3%). De groei van de landbouw in Zuidwest-Azië (2,2%) was minder dan de groei van de landbouw in de wereld (2,9%), was minder dan de groei van de landbouw in Azië (3,3%).

Vergelijking met subregio's. De toegevoegde waarde van de landbouw in Zuidwest-Azië was 3,4 keer groter dan in Centraal-Azië (US$33,5 miljard); maar 8,7 keer minder dan in Oost-Azië (US$988,8 miljard), 4,5 keer minder dan in Zuid-Azië (US$510,0 miljard) en 2,5 keer minder dan in Zuidoost-Azië (US$279,2 miljard). De sector van de landbouw per hoofd in Zuidwest-Azië was in Zuidwest-Azië0,84% groter dan in Zuidoost-Azië (US$443,1) en 59,1% groter dan in Zuid-Azië (US$280,8); maar 25,9% minder dan in Oost-Azië (US$602,9) en 9,3% minder dan in Centraal-Azië (US$492,5). De groei van de landbouw in Zuidwest-Azië was minder dan in Centraal-Azië (4,2%), in Zuid-Azië (3,8%), in Oost-Azië (3,3%) en in Zuidoost-Azië (2,6%).

Leiders. De landbouw van Zuidwest-Azië in de jaren 2010 bestond uit: Turkije (51,9%), Saoedi-Arabië (14,4%), Irak (7,0%), Syrië (5,5%), Jemen (3,9%), en andere (17,3%). Het aandeel van de landbouw in economie van de leiders: Syrië (20,4%), Jemen (16,1%), Turkije (7,8%), Irak (4,0%) en Saoedi-Arabië (2,3%). De landbouw per hoofd in Zuidwest-Azië onder de leiders: Turkije ($757,6), Saoedi-Arabië ($526,8), Syrië ($333,3), Irak ($227,5) en Jemen ($169,2). De groei van de landbouw onder de leiders: Turkije (3,3%), Saoedi-Arabië (2,6%), Irak (2,1%), Syrië (-3,8%) en Jemen (-3,9%).

Hoofdstuk V. Industrie

Mijnbouw, productie, nutsbedrijven (ISIC C-E)

De sector van de industrie in Zuidwest-Azië steeg van US$68,4 miljard per jaar in de jaren 1970 tot US$1,1 biljoen per jaar in de jaren 2010, dat wil zeggen met US$1,0 biljoen of 16,0 keer. De verandering vond plaats op US$898,8 miljard als gevolg van een 5,6-voudige stijging van de prijzen, en ook op -US$9,3 miljard als gevolg van een 1,0-voudige afname van de productiviteit , evenals op US$137,6 miljard als gevolg van de toename van de bevolking. De gemiddelde jaarlijkse groei van de industrie is 3,2%. De minimumwaarde van de industrie bedroeg US$15,0 miljard in 1970. De maximumwaarde van de industrie bedroeg US$1,3 biljoen in 2012.

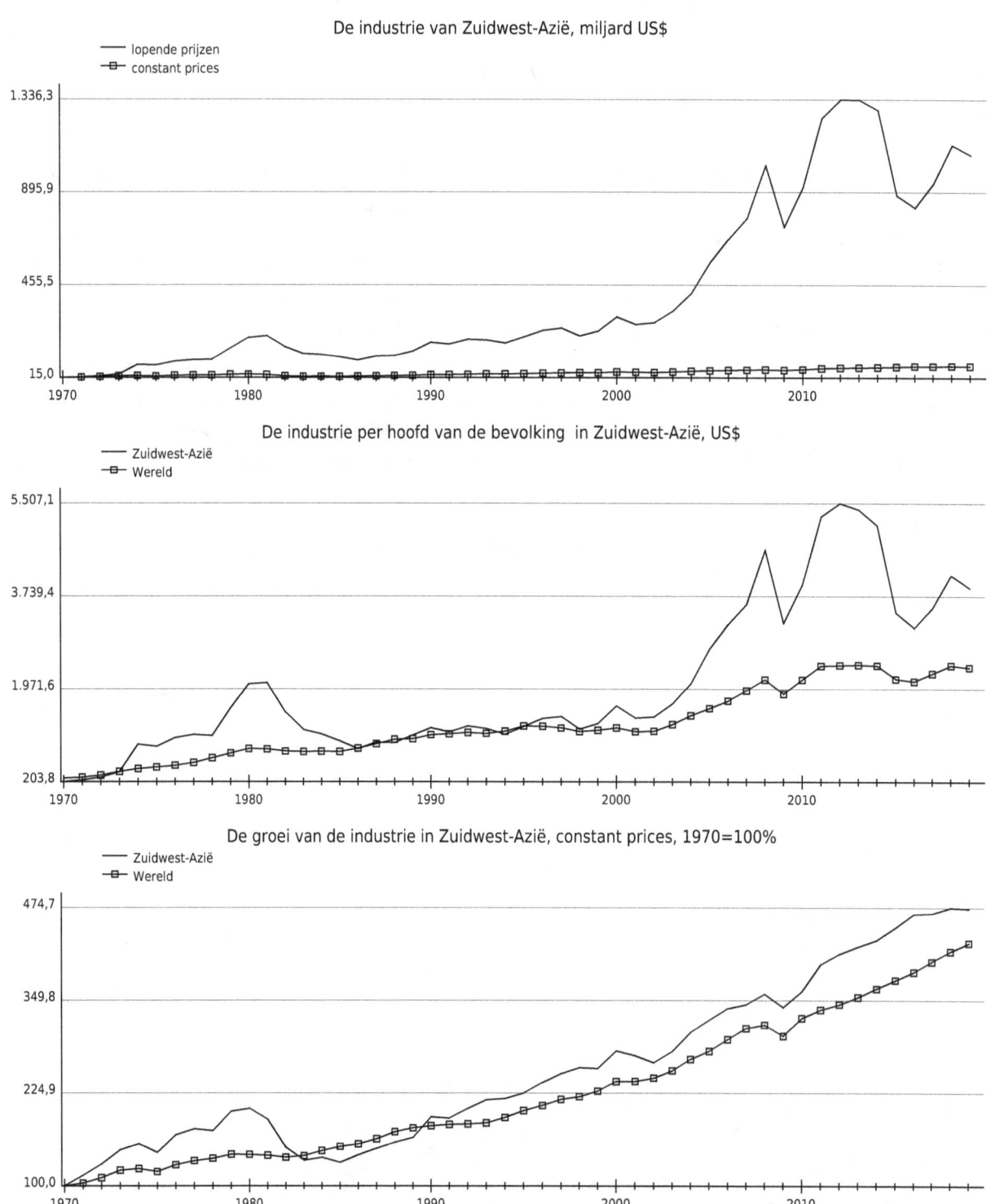

De industrie van Zuidwest-Azië, miljard US$

De industrie per hoofd van de bevolking in Zuidwest-Azië, US$

De groei van de industrie in Zuidwest-Azië, constant prices, 1970=100%

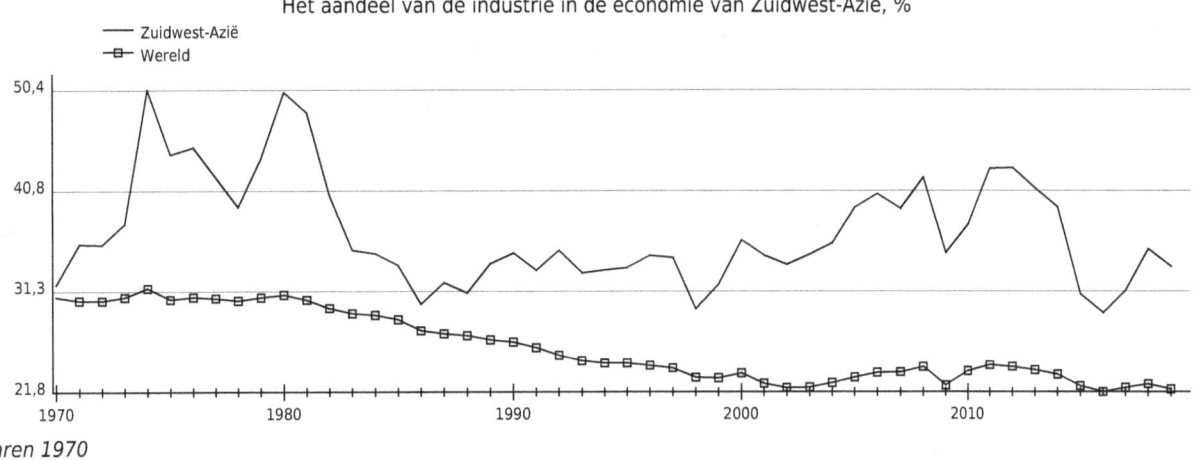

Het aandeel van de industrie in de economie van Zuidwest-Azië, %

de jaren 1970

De industrie van Zuidwest-Azië bedroeg in de jaren 1970 US$68,4 miljard per jaar. Het aandeel in de wereld was 3,5%, en 16,9% in Azië.

Het aandeel van de industrie in de economie van Zuidwest-Azië was 42,4% in de jaren 1970.

De industrie per hoofd in Zuidwest-Azië was $809,8 in de jaren 1970s. De sector van de industrie per hoofd in Zuidwest-Azië was 68,5% hoger dan de industrie per hoofd van de bevolking in de wereld ($480,5), en was in 4,7 keer hoger dan de industrie per hoofd van de bevolking in Azië ($480,5).

De groei van de industrie in Zuidwest-Azië bedroeg 8% in de jaren 1970, en was vergelijkbaar met Paraguay (8,0%), Palestina (8,0%), Maleisië (8,0%). De groei van de industrie in Zuidwest-Azië (8,0%) was groter dan de groei van de industrie in de wereld (4,0%), was groter dan de groei van de industrie in Azië (5,7%).

Vergelijking met subregio's. De toegevoegde waarde van de industrie in Zuidwest-Azië was groter dan in Zuid-Azië (US$43,5 miljard) en in Zuidoost-Azië (US$24,3 miljard); maar minder dan in Oost-Azië (US$267,6 miljard). De industrie per hoofd in Zuidwest-Azië was in Zuidwest-Azië groter dan in Oost-Azië (US$244,2), in Zuidoost-Azië (US$77,2) en in Zuid-Azië (US$52,7). De groei van de industrie in Zuidwest-Azië was groter dan in Oost-Azië (5,6%) en in Zuid-Azië (-0,14%); maar minder dan in Zuidoost-Azië (8,7%).

Leiders. De toegevoegde waarde van de industrie in Zuidwest-Azië in de jaren 1970 bestond uit: Saoedi-Arabië (40,4%), Turkije (18,5%), Koeweit (11,5%), Verenigde Arabische Emiraten (10,3%), Irak (6,8%), en andere (12,4%). Het aandeel van de industrie in economie van de leiders: Koeweit (72,8%), Saoedi-Arabië (60,0%), Irak (57,5%), Verenigde Arabische Emiraten (52,9%) en Turkije (24,2%). De toegevoegde waarde van de industrie per hoofd in Zuidwest-Azië onder de leiders: Verenigde Arabische Emiraten ($13.113,3), Koeweit ($7.853,7), Saoedi-Arabië ($3.765,5), Irak ($404,7) en Turkije ($325,7). De groei van de industrie onder de leiders: Verenigde Arabische Emiraten (12,3%), Irak (11,3%), Saoedi-Arabië (10,6%), Turkije (6,8%) en Koeweit (-1,3%).

de jaren 1980

De industrie van Zuidwest-Azië bedroeg in de jaren 1980 US$142,0 miljard per jaar, en was vergelijkbaar met Frankrijk (US$145,2 miljard). Het aandeel in de wereld was 3,4%, en 13,2% in Azië.

Het aandeel van de industrie in de economie van Zuidwest-Azië was 37,4% in de jaren 1980.

De toegevoegde waarde van de industrie per hoofd in Zuidwest-Azië was $1.249,8 in de jaren 1980s, en was vergelijkbaar met Groenland (US$1.224,2). De sector van de industrie per hoofd in Zuidwest-Azië was 45,0% hoger dan de industrie per hoofd van de bevolking in de wereld ($861,8), en was in 3,3 keer hoger dan de industrie per hoofd van de bevolking in Azië ($861,8).

De groei van de industrie in Zuidwest-Azië bedroeg -1.9% in de jaren 1980. De groei van de industrie in Zuidwest-Azië (-1,9%) was minder dan de groei van de industrie in de wereld (2,3%), was minder dan de groei van de industrie in Azië (3,5%).

Vergelijking met subregio's. De sector van de industrie in Zuidwest-Azië was groter dan in Zuid-Azië (US$85,8 miljard) en in Zuidoost-Azië (US$75,8 miljard); maar minder dan in Oost-Azië (US$776,4 miljard). De industrie per hoofd in Zuidwest-Azië was in Zuidwest-Azië groter dan in Oost-Azië (US$607,7), in Zuidoost-Azië (US$191,1) en in Zuid-Azië (US$81,8). De groei van de industrie in Zuidwest-Azië was minder dan in Oost-Azië (5,7%), in Zuidoost-Azië (4,8%) en in Zuid-Azië (3,0%).

Leiders. De waarde van de industrie in Zuidwest-Azië in de jaren 1980 bestond uit: Saoedi-Arabië (37,9%), Turkije (19,2%), Verenigde Arabische Emiraten (13,6%), Koeweit (8,5%), Israël (5,4%), en andere (15,4%). Het aandeel van de industrie in economie van de leiders: Koeweit (53,3%), Verenigde Arabische Emiraten (47,4%), Saoedi-Arabië (44,2%), Turkije (29,3%) en Israël (24,2%). De waarde van de industrie per hoofd in Zuidwest-Azië onder de leiders: Verenigde Arabische Emiraten ($14.330,3), Koeweit ($6.997,2), Saoedi-Arabië ($4.235,7), Israël ($1.918,8) en Turkije ($560,7). De groei van de industrie onder de leiders: Turkije (5,8%), Israël (3,9%), Verenigde Arabische Emiraten (-2,5%), Koeweit (-3,0%) en Saoedi-Arabië (-4,9%).

de jaren 1990

De toegevoegde waarde van de industrie in Zuidwest-Azië bedroeg in de jaren 1990 US$207,7 miljard per jaar. Het aandeel in de wereld was 3,1%, en 9,4% in Azië.

Het aandeel van de industrie in de economie van Zuidwest-Azië was 33,3% in de jaren 1990, en was vergelijkbaar met Roemenië (33,3%), Libië (33,4%), Oost-Europa (33,4%).

De sector van de industrie per hoofd in Zuidwest-Azië was $1.262,7 in de jaren 1990s, en was vergelijkbaar met Venezuela (US$1.277,0), Andorra (US$1.279,2). De waarde van de industrie per hoofd in Zuidwest-Azië was 7,4% hoger dan de industrie per hoofd van de bevolking in de wereld ($1.175,6), en was 97,4% hoger dan de industrie per hoofd van de bevolking in Azië ($1.175,6).

De groei van de industrie in Zuidwest-Azië bedroeg 4.6% in de jaren 1990, en was vergelijkbaar met de Verenigde Arabische Emiraten (4,5%). De groei van de industrie in Zuidwest-Azië (4,6%) was groter dan de groei van de industrie in de wereld (2,5%), was minder dan de groei van de industrie in Azië (5,5%).

Vergelijking met subregio's. De sector van de industrie in Zuidwest-Azië was groter dan in Zuidoost-Azië (US$176,1 miljard), in Zuid-Azië (US$133,4 miljard) en in Centraal-Azië (US$10,6 miljard); maar minder dan in Oost-Azië (US$1,7 biljoen). De industrie per hoofd in Zuidwest-Azië was in Zuidwest-Azië groter dan in Oost-Azië (US$1.159,5), in Zuidoost-Azië (US$365,8), in Centraal-Azië (US$200,3) en in Zuid-Azië (US$101,9). De groei van de industrie in Zuidwest-Azië was groter dan in Centraal-Azië (-3,5%); maar minder dan in Zuidoost-Azië (6,3%), in Oost-Azië (5,4%) en in Zuid-Azië (5,0%).

Leiders. De sector van de industrie in Zuidwest-Azië in de jaren 1990 bestond uit: Turkije (30,4%), Saoedi-Arabië (29,1%), Verenigde Arabische Emiraten (11,7%), Israël (8,3%), Koeweit (5,6%), en andere (14,8%). Het aandeel van de industrie in economie van de leiders: Koeweit (47,1%), Saoedi-Arabië (42,2%), Verenigde Arabische Emiraten (37,8%), Turkije (29,8%) en Israël (21,2%). De industrie per hoofd in Zuidwest-Azië onder de leiders: Verenigde Arabische Emiraten ($10.250,4), Koeweit ($6.403,9), Israël ($3.358,5), Saoedi-Arabië ($3.299,3) en Turkije ($1.088,6). De groei van de industrie onder de leiders: Verenigde Arabische Emiraten (4,5%), Israël (4,4%), Turkije (4,2%), Saoedi-Arabië (4,2%) en Koeweit (1,7%).

de jaren 2000

De industrie van Zuidwest-Azië bedroeg in de jaren 2000 US$535,3 miljard per jaar. Het aandeel in de wereld was 5,2%, en 14,2% in Azië.

Het aandeel van de industrie in de economie van Zuidwest-Azië was 37,9% in de jaren 2000, en was vergelijkbaar met Iran (37,6%).

De industrie per hoofd in Zuidwest-Azië was $2.623,6 in de jaren 2000s, en was vergelijkbaar met Venezuela (US$2,6 duizend), de Kaaimaneilanden (US$2,7 duizend). De industrie per hoofd in Zuidwest-Azië was 66,7% hoger dan de industrie per hoofd van de bevolking in de wereld ($1.573,8), en was in 2,8 keer hoger dan de industrie per hoofd van de bevolking in Azië ($1.573,8).

De groei van de industrie in Zuidwest-Azië bedroeg 2.8% in de jaren 2000, en was vergelijkbaar met Palestina (2,8%). De groei van de industrie in Zuidwest-Azië (2,8%) was minder dan de groei van de industrie in de wereld (2,9%), was minder dan de groei van de industrie in Azië (5,7%).

Vergelijking met subregio's. De waarde van de industrie in Zuidwest-Azië was groter dan in Zuidoost-Azië (US$346,9 miljard), in Zuid-Azië (US$311,4 miljard) en in Centraal-Azië (US$28,1 miljard); maar minder dan in Oost-Azië (US$2,5 biljoen). De industrie per hoofd in Zuidwest-Azië was in Zuidwest-Azië groter dan in Oost-Azië (US$1.629,7), in Zuidoost-Azië (US$622,3), in Centraal-Azië (US$482,9) en in Zuid-Azië (US$197,8). De groei van de industrie in Zuidwest-Azië was minder dan in Centraal-Azië (7,7%), in Oost-Azië (6,6%), in Zuid-Azië (5,9%) en in Zuidoost-Azië (4,1%).

Leiders. De industrie van Zuidwest-Azië in de jaren 2000 bestond uit: Saoedi-Arabië (31,6%), Turkije (16,9%), Verenigde Arabische Emiraten (14,5%), Koeweit (8,4%), Irak (6,3%), en andere (22,3%). Het aandeel van de industrie in economie van de leiders: Irak

(58,1%), Koeweit (56,3%), Saoedi-Arabië (54,1%), Verenigde Arabische Emiraten (42,7%) en Turkije (22,3%). De toegevoegde waarde van de industrie per hoofd in Zuidwest-Azië onder de leiders: Koeweit ($19.329,7), Verenigde Arabische Emiraten ($15.900,4), Saoedi-Arabië ($7.187,0), Turkije ($1.345,5) en Irak ($1.282,0). De groei van de industrie onder de leiders: Koeweit (4,0%), Turkije (3,6%), Verenigde Arabische Emiraten (2,4%), Saoedi-Arabië (2,0%) en Irak (-0,47%).

de jaren 2010

De toegevoegde waarde van de industrie in Zuidwest-Azië bedroeg in de jaren 2010 US$1,1 biljoen per jaar. Het aandeel in de wereld was 6,4%, en 13,5% in Azië.

Het aandeel van de industrie in de economie van Zuidwest-Azië was 36,5% in de jaren 2010, en was vergelijkbaar met Angola (36,7%), Nauru (36,4%).

De industrie per hoofd in Zuidwest-Azië was $4.306,4 in de jaren 2010s, en was vergelijkbaar met Libië (US$4,3 duizend), Spanje (US$4,3 duizend), Zuid-Europa (US$4,3 duizend). De waarde van de industrie per hoofd in Zuidwest-Azië was 85,5% hoger dan de industrie per hoofd van de bevolking in de wereld ($2.320,9), en was in 2,3 keer hoger dan de industrie per hoofd van de bevolking in Azië ($2.320,9).

De groei van de industrie in Zuidwest-Azië bedroeg 3.4% in de jaren 2010, en was vergelijkbaar met Burundi (3,3%), Somalië (3,3%), Sao Tomé en Principe (3,3%). De groei van de industrie in Zuidwest-Azië (3,4%) was minder dan de groei van de industrie in de wereld (3,5%), was minder dan de groei van de industrie in Azië (5,6%).

Vergelijking met subregio's. De sector van de industrie in Zuidwest-Azië was 43,3% groter dan in Zuidoost-Azië (US$764,3 miljard), 54,8% groter dan in Zuid-Azië (US$707,6 miljard) en 12,7 keer groter dan in Centraal-Azië (US$86,0 miljard); maar 5,0 keer minder dan in Oost-Azië (US$5,5 biljoen). De sector van de industrie per hoofd in Zuidwest-Azië was in Zuidwest-Azië28,7% groter dan in Oost-Azië (US$3,3 duizend), 3,4 keer groter dan in Centraal-Azië (US$1.266,1), 3,6 keer groter dan in Zuidoost-Azië (US$1.212,9) en 11,1 keer groter dan in Zuid-Azië (US$389,6). De groei van de industrie in Zuidwest-Azië was minder dan in Oost-Azië (6,1%), in Zuid-Azië (5,9%), in Centraal-Azië (4,8%) en in Zuidoost-Azië (4,2%).

Leiders. De waarde van de industrie in Zuidwest-Azië in de jaren 2010 bestond uit: Saoedi-Arabië (30,7%), Turkije (15,6%), Verenigde Arabische Emiraten (13,9%), Qatar (8,8%), Irak (8,7%), en andere (22,3%). Het aandeel van de industrie in economie van de leiders: Qatar (53,5%), Irak (48,3%), Saoedi-Arabië (48,0%), Verenigde Arabische Emiraten (40,7%) en Turkije (22,7%). De industrie per hoofd in Zuidwest-Azië onder de leiders: Qatar ($39.233,9), Verenigde Arabische Emiraten ($16.495,2), Saoedi-Arabie ($10.803,3), Irak ($2.756,3) en Turkije ($2.198,6). De groei van de industrie onder de leiders: Irak (6,7%), Turkije (6,4%), Qatar (4,1%), Verenigde Arabische Emiraten (3,7%) en Saoedi-Arabië (2,6%).

Hoofdstuk 5.1. Fabricage

(ISIC D)

De waarde van de fabricage in Zuidwest-Azië steeg van US$19,7 miljard per jaar in de jaren 1970 tot US$359,7 miljard per jaar in de jaren 2010, dat wil zeggen met US$340,0 miljard of 18,3 keer. De verandering vond plaats op US$231,4 miljard als gevolg van een 2,8-voudige stijging van de prijzen, en ook op US$69,0 miljard als gevolg van een 2,2-voudige toename van de productiviteit , evenals op US$39,7 miljard als gevolg van de toename van de bevolking. De gemiddelde jaarlijkse groei van de fabricage is 4,8%. De minimumwaarde van de fabricage bedroeg US$7,6 miljard in 1970. De maximumwaarde van de fabricage bedroeg US$399,9 miljard in 2018.

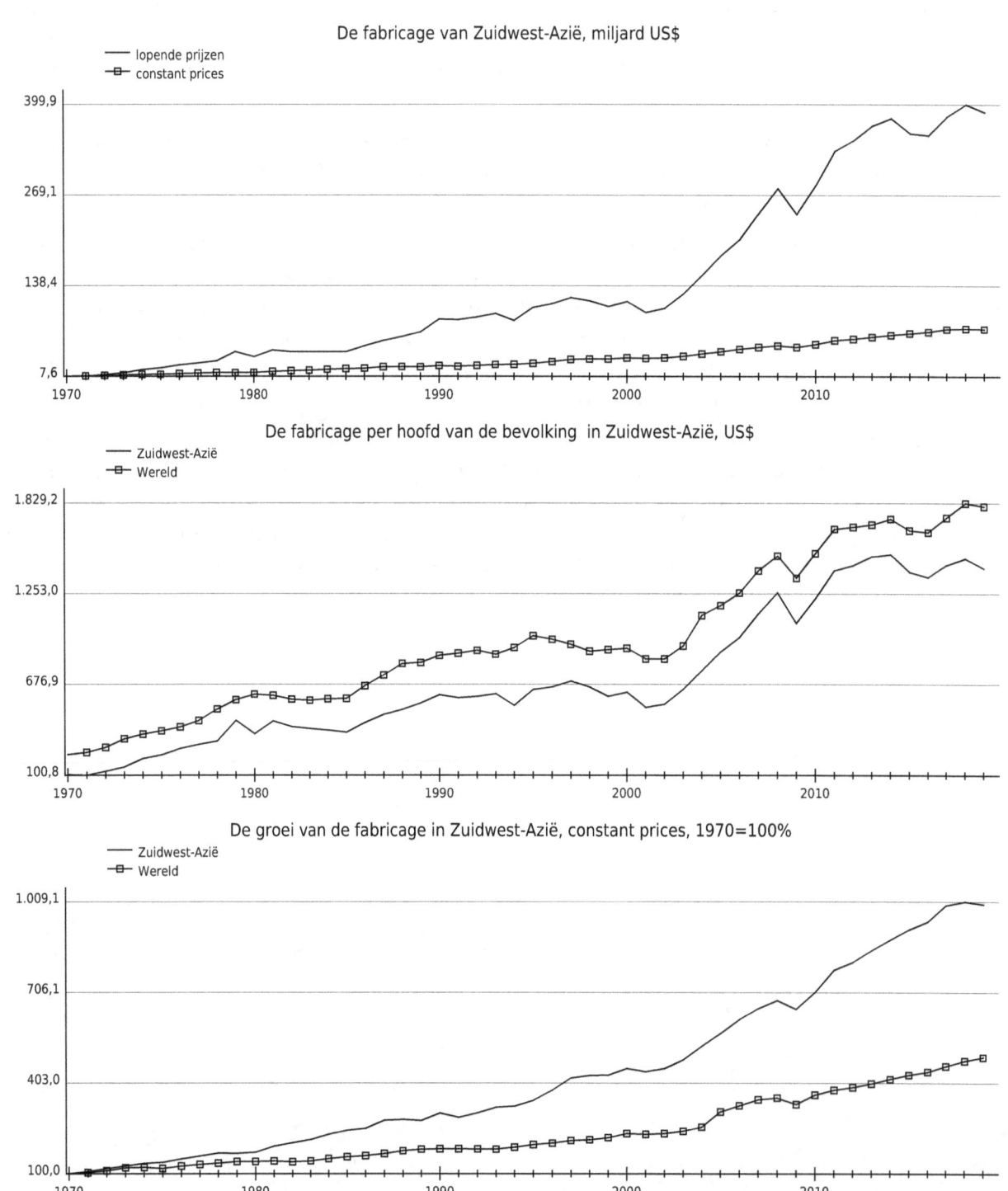

De fabricage van Zuidwest-Azië, miljard US$

De fabricage per hoofd van de bevolking in Zuidwest-Azië, US$

De groei van de fabricage in Zuidwest-Azië, constant prices, 1970=100%

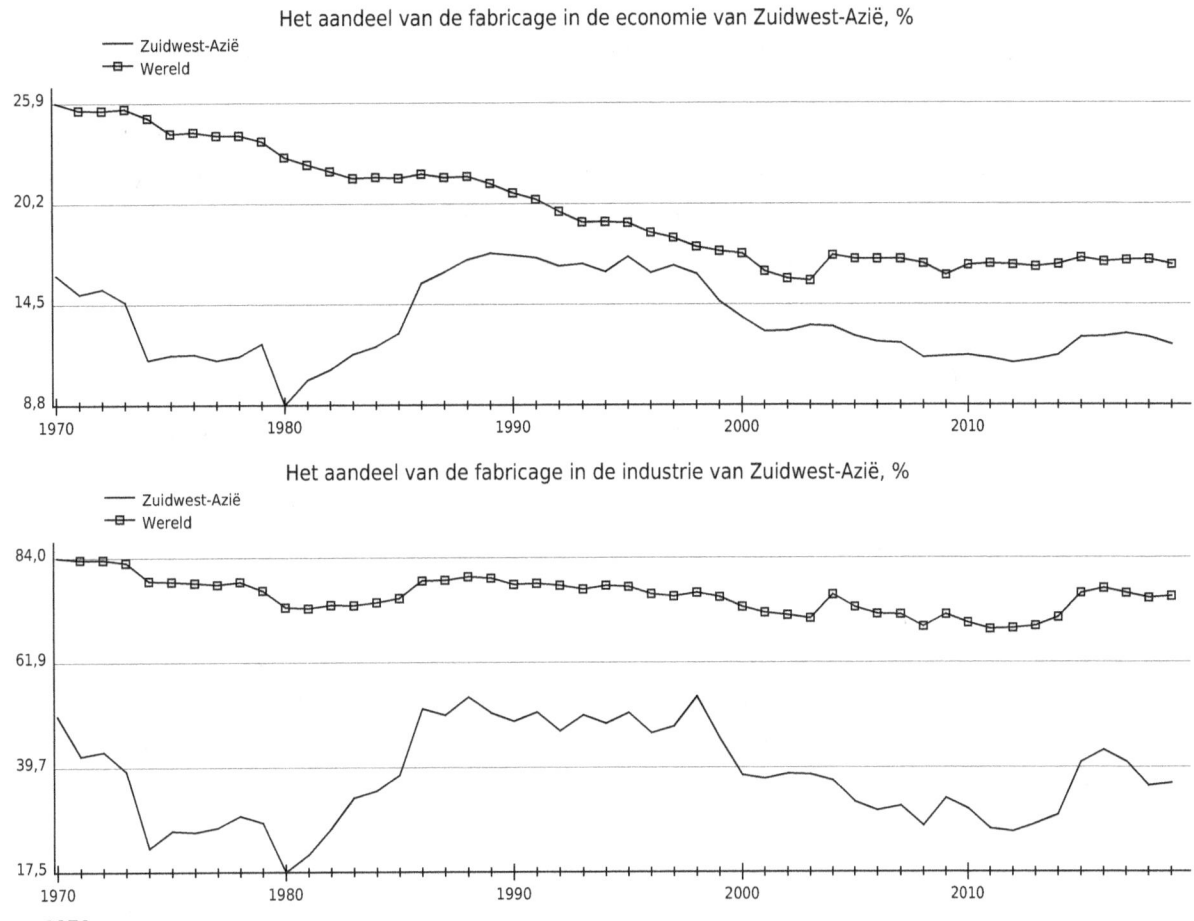

Het aandeel van de fabricage in de economie van Zuidwest-Azië, %

Het aandeel van de fabricage in de industrie van Zuidwest-Azië, %

de jaren 1970

De sector van de fabricage in Zuidwest-Azië bedroeg in de jaren 1970 US$19,7 miljard per jaar, en was vergelijkbaar met Mexico (US$19,7 miljard), West-Afrika (US$19,8 miljard). Het aandeel in de wereld was 1,3%, en 8,1% in Azië

Het aandeel van de fabricage in de economie van Zuidwest-Azië was 12,2% in de jaren 1970, en was vergelijkbaar met Fiji (12,2%).

De toegevoegde waarde van de fabricage per hoofd in Zuidwest-Azië was $233,3 in de jaren 1970s, en was vergelijkbaar met Macau (US$239,1). De sector van de fabricage per hoofd in Zuidwest-Azië was 39,1% lager dan de fabricage per hoofd van de bevolking in de wereld ($383,2), en was in 2,2 keer hoger dan de fabricage per hoofd van de bevolking in Azië ($383,2).

De groei van de fabricage in Zuidwest-Azië bedroeg 5.9% in de jaren 1970, en was vergelijkbaar met Zuid-Amerika (5,9%), Sri Lanka (5,9%), Oost-Europa (5,9%). De groei van de fabricage in Zuidwest-Azië (5,9%) was groter dan de groei van de fabricage in de wereld (3,8%), was groter dan de groei van de fabricage in Azië (5,6%).

Vergelijking met subregio's. De toegevoegde waarde van de fabricage in Zuidwest-Azië was groter dan in Zuidoost-Azië (US$15,3 miljard); maar minder dan in Oost-Azië (US$184,6 miljard) en in Zuid-Azië (US$23,9 miljard). De toegevoegde waarde van de fabricage per hoofd in Zuidwest-Azië was in Zuidwest-Azië groter dan in Oost-Azië (US$168,5), in Zuidoost-Azië (US$48,3) en in Zuid-Azië (US$29,0). De groei van de fabricage in Zuidwest-Azië was groter dan in Oost-Azië (5,2%) en in Zuid-Azië (4,8%); maar minder dan in Zuidoost-Azië (9,5%).

Leiders. De toegevoegde waarde van de fabricage in Zuidwest-Azië in de jaren 1970 bestond uit: Turkije (59,7%), Israël (13,5%), Saoedi-Arabië (11,4%), Koeweit (3,4%), Irak (2,9%), en andere (9,1%). Het aandeel van de fabricage in economie van de leiders: Turkije (22,5%), Israël (20,7%), Irak (7,1%), Koeweit (6,2%) en Saoedi-Arabië (4,9%). De waarde van de fabricage per hoofd in Zuidwest-Azië onder de leiders: Israël ($822,0), Koeweit ($666,1), Saoedi-Arabië ($305,0), Turkije ($302,4) en Irak ($50,2). De groei van de fabricage onder de leiders: Irak (13,4%), Koeweit (9,5%), Turkije (6,7%), Saoedi-Arabië (6,1%) en Israël (1,6%).

de jaren 1980

De sector van de fabricage in Zuidwest-Azië bedroeg in de jaren 1980 US$50,0 miljard per jaar, en was vergelijkbaar met Zuidoost-Azië

(US$49,6 miljard). Het aandeel in de wereld was 1,6%, en 6,9% in Azië.

Het aandeel van de fabricage in de economie van Zuidwest-Azië was 13,2% in de jaren 1980, en was vergelijkbaar met Suriname (13,1%).

De sector van de fabricage per hoofd in Zuidwest-Azië was $440,1 in de jaren 1980s, en was vergelijkbaar met Oost-Azië (US$446,1). De toegevoegde waarde van de fabricage per hoofd in Zuidwest-Azië was 33,4% lager dan de fabricage per hoofd van de bevolking in de wereld ($661,2), en was 71,5% hoger dan de fabricage per hoofd van de bevolking in Azië ($661,2).

De groei van de fabricage in Zuidwest-Azië bedroeg 5.2% in de jaren 1980, en was vergelijkbaar met Joegoslavië (5,2%). De groei van de fabricage in Zuidwest-Azië (5,2%) was groter dan de groei van de fabricage in de wereld (2,6%), was minder dan de groei van de fabricage in Azië (5,4%).

Vergelijking met subregio's. De toegevoegde waarde van de fabricage in Zuidwest-Azië was groter dan in Zuidoost-Azië (US$49,6 miljard); maar minder dan in Oost-Azië (US$569,9 miljard) en in Zuid-Azië (US$58,4 miljard). De toegevoegde waarde van de fabricage per hoofd in Zuidwest-Azië was in Zuidwest-Azië groter dan in Zuidoost-Azië (US$125,1) en in Zuid-Azië (US$55,6); maar minder dan in Oost-Azië (US$446,1). De groei van de fabricage in Zuidwest-Azië was groter dan in Oost-Azië (5,0%); maar minder dan in Zuidoost-Azië (7,3%) en in Zuid-Azië (6,1%).

Leiders. De fabricage van Zuidwest-Azië in de jaren 1980 bestond uit: Turkije (49,0%), Saoedi-Arabië (16,0%), Israël (13,1%), Verenigde Arabische Emiraten (5,8%), Irak (4,0%), en andere (12,1%). Het aandeel van de fabricage in economie van de leiders: Turkije (26,4%), Israël (20,7%), Irak (9,5%), Verenigde Arabische Emiraten (7,1%) en Saoedi-Arabië (6,6%). De toegevoegde waarde van de fabricage per hoofd in Zuidwest-Azië onder de leiders: Verenigde Arabische Emiraten ($2.144,4), Israël ($1.637,9), Saoedi-Arabië ($627,9), Turkije ($504,4) en Irak ($130,9). De groei van de fabricage onder de leiders: Verenigde Arabische Emiraten (12,8%), Turkije (5,9%), Saoedi-Arabië (5,8%), Israël (4,8%) en Irak (2,5%).

de jaren 1990

De waarde van de fabricage in Zuidwest-Azië bedroeg in de jaren 1990 US$102,5 miljard per jaar. Het aandeel in de wereld was 2,0%, en 6,5% in Azië.

Het aandeel van de fabricage in de economie van Zuidwest-Azië was 16,4% in de jaren 1990, en was vergelijkbaar met de Verenigde Staten (16,5%), de Nederland (16,5%), Noord-Amerika (16,5%).

De sector van de fabricage per hoofd in Zuidwest-Azië was $623,3 in de jaren 1990s, en was vergelijkbaar met Slowakije (US$626,2), Rusland (US$626,6), de Britse Maagdeneilanden (US$637,7). De fabricage per hoofd in Zuidwest-Azië was 31,4% lager dan de fabricage per hoofd van de bevolking in de wereld ($908,4), en was 36,6% hoger dan de fabricage per hoofd van de bevolking in Azië ($908,4).

De groei van de fabricage in Zuidwest-Azië bedroeg 4.4% in de jaren 1990, en was vergelijkbaar met Noord-Afrika (4,4%), Israël (4,5%). De groei van de fabricage in Zuidwest-Azië (4,4%) was groter dan de groei van de fabricage in de wereld (2,0%), was groter dan de groei van de fabricage in Azië (3,5%).

Vergelijking met subregio's. De toegevoegde waarde van de fabricage in Zuidwest-Azië was groter dan in Zuid-Azië (US$92,7 miljard) en in Centraal-Azië (US$6,8 miljard); maar minder dan in Oost-Azië (US$1,2 biljoen) en in Zuidoost-Azië (US$138,9 miljard). De fabricage per hoofd in Zuidwest-Azië was in Zuidwest-Azië groter dan in Zuidoost-Azië (US$288,6), in Centraal-Azië (US$128,0) en in Zuid-Azië (US$70,8); maar minder dan in Oost-Azië (US$851,3). De groei van de fabricage in Zuidwest-Azië was groter dan in Oost-Azië (2,1%) en in Centraal-Azië (-4,0%); maar minder dan in Zuidoost-Azië (6,8%) en in Zuid-Azië (5,9%).

Leiders. De toegevoegde waarde van de fabricage in Zuidwest-Azië in de jaren 1990 bestond uit: Turkije (55,0%), Israël (15,1%), Saoedi-Arabië (13,3%), Verenigde Arabische Emiraten (5,6%), Koeweit (2,6%), en andere (8,5%). Het aandeel van de fabricage in economie van de leiders: Turkije (26,6%), Israël (19,0%), Koeweit (10,6%), Saoedi-Arabië (9,5%) en Verenigde Arabische Emiraten (8,9%). De fabricage per hoofd in Zuidwest-Azië onder de leiders: Israël ($3.009,5), Verenigde Arabische Emiraten ($2.418,3), Koeweit ($1.442,8), Turkije ($970,4) en Saoedi-Arabië ($743,0). De groei van de fabricage onder de leiders: Verenigde Arabische Emiraten (8,6%), Turkije (4,5%), Israël (4,5%), Saoedi-Arabië (4,0%) en Koeweit (-0,023%).

de jaren 2000

De sector van de fabricage in Zuidwest-Azië bedroeg in de jaren 2000 US$175,0 miljard per jaar. Het aandeel in de wereld was 2,4%, en 6,7% in Azië.

Het aandeel van de fabricage in de economie van Zuidwest-Azië was 12,4% in de jaren 2000, en was vergelijkbaar met Afrika (12,4%), Samoa (12,4%), Bosnië en Herzegovina (12,3%).

De waarde van de fabricage per hoofd in Zuidwest-Azië was $857,6 in de jaren 2000s, en was vergelijkbaar met Uruguay (US$870,9), Rusland (US$837,1). De waarde van de fabricage per hoofd in Zuidwest-Azië was 24,6% lager dan de fabricage per hoofd van de bevolking in de wereld ($1.138,1), en was 30,1% hoger dan de fabricage per hoofd van de bevolking in Azië ($1.138,1).

De groei van de fabricage in Zuidwest-Azië bedroeg 4.2% in de jaren 2000, en was vergelijkbaar met Oekraïne (4,3%), Antigua en Barbuda (4,3%). De groei van de fabricage in Zuidwest-Azië (4,2%) was groter dan de groei van de fabricage in de wereld (4,2%), was minder dan de groei van de fabricage in Azië (10,5%).

Vergelijking met subregio's. De sector van de fabricage in Zuidwest-Azië was groter dan in Centraal-Azië (US$15,3 miljard); maar minder dan in Oost-Azië (US$2,0 biljoen), in Zuidoost-Azië (US$255,0 miljard) en in Zuid-Azië (US$202,0 miljard). De waarde van de fabricage per hoofd in Zuidwest-Azië was in Zuidwest-Azië groter dan in Zuidoost-Azië (US$457,3), in Centraal-Azië (US$262,8) en in Zuid-Azië (US$128,3); maar minder dan in Oost-Azië (US$1.255,9). De groei van de fabricage in Zuidwest-Azië was minder dan in Oost-Azië (12,8%), in Zuid-Azië (7,7%), in Centraal-Azië (7,0%) en in Zuidoost-Azië (4,8%).

Leiders. De fabricage van Zuidwest-Azië in de jaren 2000 bestond uit: Turkije (44,0%), Saoedi-Arabië (17,6%), Israël (13,5%), Verenigde Arabische Emiraten (9,7%), Qatar (2,7%), en andere (12,5%). Het aandeel van de fabricage in economie van de leiders: Turkije (18,9%), Israël (17,1%), Saoedi-Arabië (9,9%), Qatar (9,4%) en Verenigde Arabische Emiraten (9,3%). De fabricage per hoofd in Zuidwest-Azië onder de leiders: Qatar ($5.043,7), Israël ($3.628,7), Verenigde Arabische Emiraten ($3.464,0), Saoedi-Arabië ($1.309,0) en Turkije ($1.142,6). De groei van de fabricage onder de leiders: Qatar (8,1%), Saoedi-Arabië (6,1%), Verenigde Arabische Emiraten (5,3%), Turkije (4,1%) en Israël (1,5%).

de jaren 2010

De toegevoegde waarde van de fabricage in Zuidwest-Azië bedroeg in de jaren 2010 US$359,7 miljard per jaar. Het aandeel in de wereld was 2,9%, en 5,8% in Azië.

Het aandeel van de fabricage in de economie van Zuidwest-Azië was 12,0% in de jaren 2010, en was vergelijkbaar met Burundi (12,0%), de Nederland (11,9%).

De waarde van de fabricage per hoofd in Zuidwest-Azië was $1.414,1 in de jaren 2010s, en was vergelijkbaar met Azië (US$1.401,2), Venezuela (US$1.399,4). De sector van de fabricage per hoofd in Zuidwest-Azië was 16,7% lager dan de fabricage per hoofd van de bevolking in de wereld ($1.697,4), en was 0,92% hoger dan de fabricage per hoofd van de bevolking in Azië ($1.697,4).

De groei van de fabricage in Zuidwest-Azië bedroeg 4.4% in de jaren 2010, en was vergelijkbaar met Bolivia (4,4%), Micronesië (4,4%), Paraguay (4,4%). De groei van de fabricage in Zuidwest-Azië (4,4%) was groter dan de groei van de fabricage in de wereld (3,9%), was minder dan de groei van de fabricage in Azië (6,0%).

Vergelijking met subregio's. De fabricage van Zuidwest-Azië was 7,3 keer groter dan in Centraal-Azië (US$49,1 miljard); maar 13,2 keer minder dan in Oost-Azië (US$4,7 biljoen), 34,3% minder dan in Zuidoost-Azië (US$547,2 miljard) en 25,5% minder dan in Zuid-Azië (US$483,0 miljard). De fabricage per hoofd in Zuidwest-Azië was in Zuidwest-Azië62,8% groter dan in Zuidoost-Azië (US$868,4), 95,5% groter dan in Centraal-Azië (US$723,2) en 5,3 keer groter dan in Zuid-Azië (US$265,9); maar 2,0 keer minder dan in Oost-Azië (US$2,9 duizend). De groei van de fabricage in Zuidwest-Azië was minder dan in Zuid-Azië (6,4%), in Centraal-Azië (6,3%), in Oost-Azië (6,2%) en in Zuidoost-Azië (4,9%).

Leiders. De fabricage van Zuidwest-Azië in de jaren 2010 bestond uit: Turkije (39,9%), Saoedi-Arabië (22,5%), Israël (11,0%), Verenigde Arabische Emiraten (8,7%), Qatar (4,5%), en andere (13,5%). Het aandeel van de fabricage in economie van de leiders: Turkije (19,0%), Israël (14,2%), Saoedi-Arabië (11,5%), Qatar (9,1%) en Verenigde Arabische Emiraten (8,3%). De fabricage per hoofd in Zuidwest-Azië onder de leiders: Qatar ($6.673,9), Israël ($4.972,9), Verenigde Arabische Emiraten ($3.371,4), Saoedi-Arabië ($2.599,1) en Turkije ($1.842,4). De groei van de fabricage onder de leiders: Turkije (6,3%), Qatar (5,7%), Saoedi-Arabië (4,5%), Verenigde Arabische Emiraten (4,2%) en Israël (1,6%).

Hoofdstuk VI. Constructie

(ISIC F)

De waarde van de constructie in Zuidwest-Azië steeg van US$12,4 miljard per jaar in de jaren 1970 tot US$204,9 miljard per jaar in de jaren 2010, dat wil zeggen met US$192,6 miljard of 16,6 keer. De verandering vond plaats op US$139,8 miljard als gevolg van een 3,1-voudige stijging van de prijzen, en ook op US$27,8 miljard als gevolg van een 1,7-voudige toename van de productiviteit , evenals op US$24,9 miljard als gevolg van de toename van de bevolking. De gemiddelde jaarlijkse groei van de constructie is 4,8%. De minimumwaarde van de constructie bedroeg US$2,9 miljard in 1970. De maximumwaarde van de constructie bedroeg US$229,8 miljard in 2017.

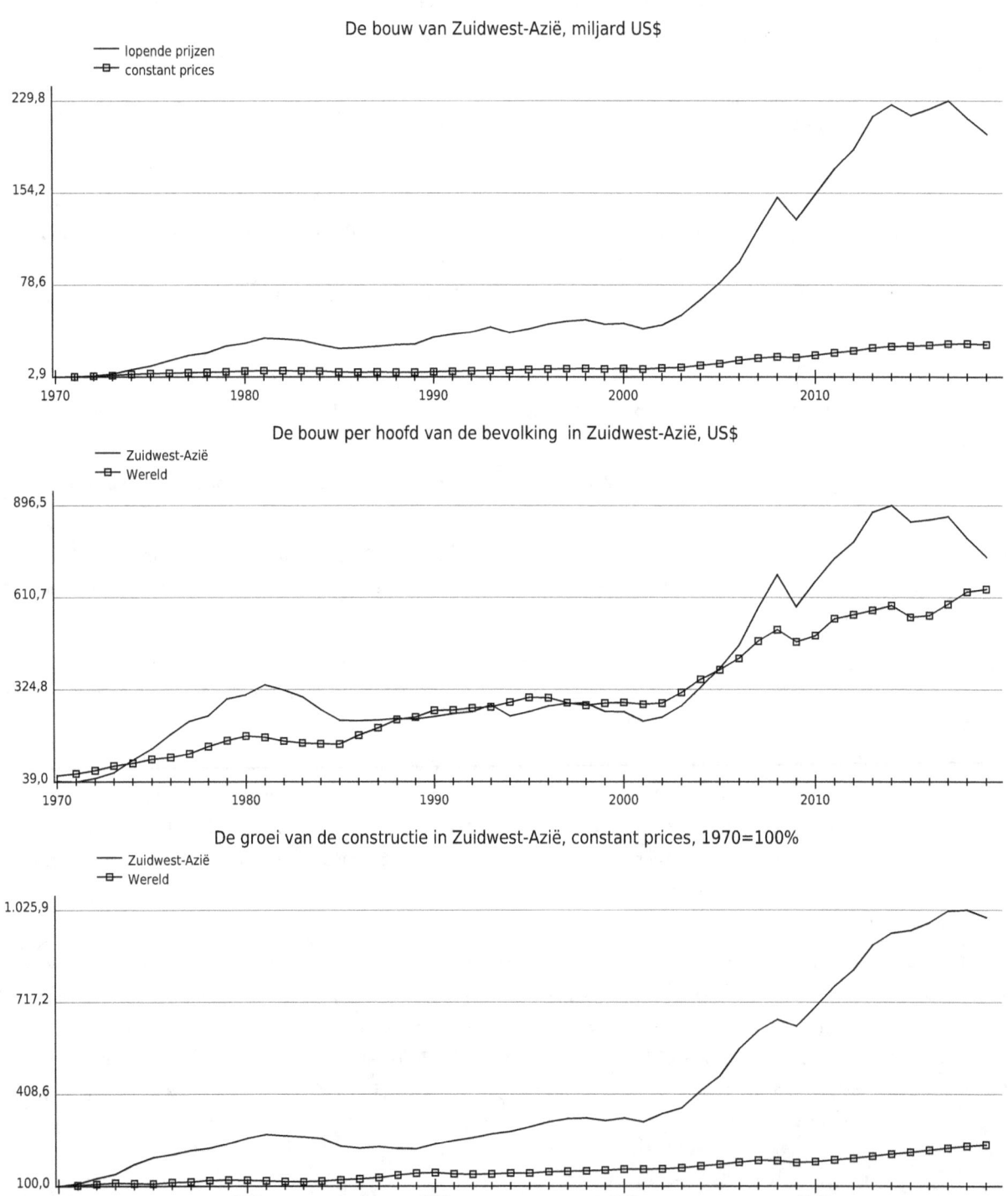

De bouw van Zuidwest-Azië, miljard US$

De bouw per hoofd van de bevolking in Zuidwest-Azië, US$

De groei van de constructie in Zuidwest-Azië, constant prices, 1970=100%

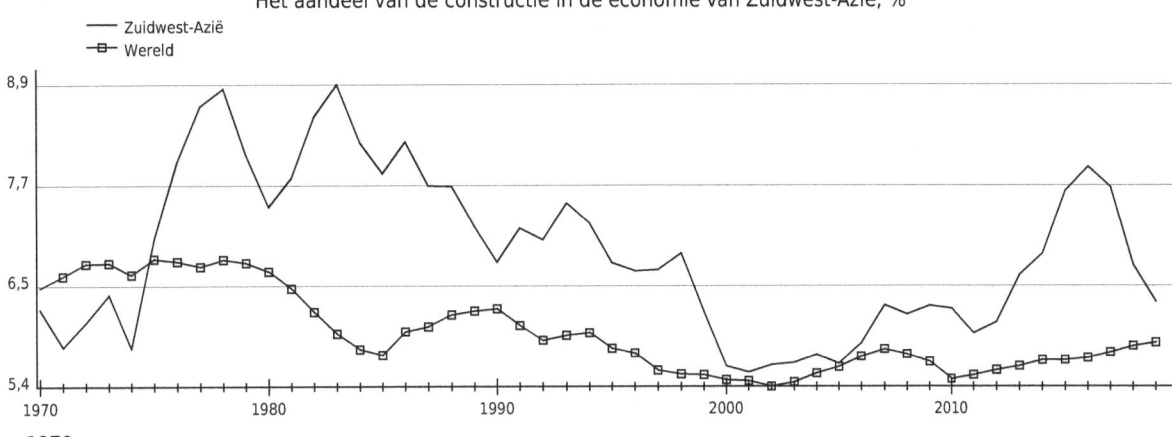

Het aandeel van de constructie in de economie van Zuidwest-Azië, %

de jaren 1970

De sector van de constructie in Zuidwest-Azië bedroeg in de jaren 1970 US$12,4 miljard per jaar, en was vergelijkbaar met Canada (US$12,2 miljard). Het aandeel in de wereld was 2,9%, en 15,5% in Azië.

Het aandeel van de constructie in de economie van Zuidwest-Azië was 7,7% in de jaren 1970, en was vergelijkbaar met de Comoren (7,7%), West-Afrika (7,6%), West-Europa (7,6%).

De bouw per hoofd in Zuidwest-Azië was $146,6 in de jaren 1970s, en was vergelijkbaar met Malta (US$143,0). De waarde van de constructie per hoofd in Zuidwest-Azië was 38,1% hoger dan de constructie per hoofd van de bevolking in de wereld ($106,1), en was in 4,3 keer hoger dan de constructie per hoofd van de bevolking in Azië ($106,1).

De groei van de constructie in Zuidwest-Azië bedroeg 10.4% in de jaren 1970. De groei van de constructie in Zuidwest-Azië (10,4%) was groter dan de groei van de constructie in de wereld (2,1%), was groter dan de groei van de constructie in Azië (5,1%).

Vergelijking met subregio's. De toegevoegde waarde van de constructie in Zuidwest-Azië was groter dan in Zuid-Azië (US$9,9 miljard) en in Zuidoost-Azië (US$4,3 miljard); maar minder dan in Oost-Azië (US$53,3 miljard). De toegevoegde waarde van de constructie per hoofd in Zuidwest-Azië was in Zuidwest-Azië groter dan in Oost-Azië (US$48,6), in Zuidoost-Azië (US$13,7) en in Zuid-Azië (US$12,0). De groei van de constructie in Zuidwest-Azië was groter dan in Zuid-Azië (5,7%) en in Oost-Azië (4,0%); maar minder dan in Zuidoost-Azië (11,5%).

Leiders. De toegevoegde waarde van de constructie in Zuidwest-Azië in de jaren 1970 bestond uit: Saoedi-Arabië (29,0%), Turkije (26,9%), Verenigde Arabische Emiraten (17,7%), Israël (8,7%), Irak (4,5%), en andere (13,2%). Het aandeel van de constructie in economie van de leiders: Verenigde Arabische Emiraten (16,4%), Israël (8,4%), Saoedi-Arabië (7,8%), Irak (6,9%) en Turkije (6,4%). De sector van de constructie per hoofd in Zuidwest-Azië onder de leiders: Verenigde Arabische Emiraten ($4.061,6), Saoedi-Arabië ($489,5), Israël ($332,6), Turkije ($85,7) en Irak ($48,6). De groei van de constructie onder de leiders: Irak (28,1%), Saoedi-Arabië (21,3%), Verenigde Arabische Emiraten (16,1%), Turkije (1,8%) en Israël (1,8%).

de jaren 1980

De waarde van de constructie in Zuidwest-Azië bedroeg in de jaren 1980 US$30,2 miljard per jaar. Het aandeel in de wereld was 3,4%, en 12,8% in Azië.

Het aandeel van de constructie in de economie van Zuidwest-Azië was 8,0% in de jaren 1980, en was vergelijkbaar met Joegoslavië (8,0%), Singapore (7,9%), de Kaaimaneilanden (7,9%).

De toegevoegde waarde van de constructie per hoofd in Zuidwest-Azië was $265,8 in de jaren 1980s, en was vergelijkbaar met de Sovjet-Unie (US$262,0). De toegevoegde waarde van de constructie per hoofd in Zuidwest-Azië was 42,7% hoger dan de constructie per hoofd van de bevolking in de wereld ($186,2), en was in 3,2 keer hoger dan de constructie per hoofd van de bevolking in Azië ($186,2).

De groei van de constructie in Zuidwest-Azië bedroeg -0.8% in de jaren 1980. De groei van de constructie in Zuidwest-Azië (-0,79%) was minder dan de groei van de constructie in de wereld (1,7%), was minder dan de groei van de constructie in Azië (2,7%).

Vergelijking met subregio's. De toegevoegde waarde van de constructie in Zuidwest-Azië was groter dan in Zuid-Azië (US$25,0 miljard) en in Zuidoost-Azië (US$13,0 miljard); maar minder dan in Oost-Azië (US$168,2 miljard). De sector van de constructie per hoofd in Zuidwest-Azië was in Zuidwest-Azië groter dan in Oost-Azië (US$131,6), in Zuidoost-Azië (US$32,8) en in Zuid-Azië (US$23,8). De groei van de constructie in Zuidwest-Azië was minder dan in Zuidoost-Azië (3,8%), in Oost-Azië (3,3%) en in Zuid-Azië (1,0%).

Leiders. De sector van de constructie in Zuidwest-Azië in de jaren 1980 bestond uit: Saoedi-Arabië (34,6%), Turkije (21,7%), Verenigde Arabische Emiraten (17,1%), Irak (7,1%), Israël (5,8%), en andere (13,7%). Het aandeel van de constructie in economie van de leiders: Verenigde Arabische Emiraten (12,7%), Irak (10,1%), Saoedi-Arabië (8,6%), Turkije (7,1%) en Israël (5,5%). De sector van de constructie per hoofd in Zuidwest-Azië onder de leiders: Verenigde Arabische Emiraten ($3.826,7), Saoedi-Arabië ($821,3), Israël ($437,8), Irak ($138,9) en Turkije ($135,2). De groei van de constructie onder de leiders: Turkije (6,7%), Verenigde Arabische Emiraten (-0,37%), Israël (-0,65%), Irak (-4,4%) en Saoedi-Arabië (-4,5%).

de jaren 1990

De bouw van Zuidwest-Azië bedroeg in de jaren 1990 US$43,0 miljard per jaar. Het aandeel in de wereld was 2,7%, en 7,8% in Azië.

Het aandeel van de constructie in de economie van Zuidwest-Azië was 6,9% in de jaren 1990, en was vergelijkbaar met Wit-Rusland (6,9%), Djibouti (6,9%), Litouwen (6,9%).

De constructie per hoofd in Zuidwest-Azië was $261,7 in de jaren 1990s, en was vergelijkbaar met Centraal-Amerika (US$259,9). De bouw per hoofd in Zuidwest-Azië was 6,1% lager dan de constructie per hoofd van de bevolking in de wereld ($278,6), en was 64,8% hoger dan de constructie per hoofd van de bevolking in Azië ($278,6).

De groei van de constructie in Zuidwest-Azië bedroeg 3.6% in de jaren 1990, en was vergelijkbaar met Kaapverdië (3,6%), Luxemburg (3,6%). De groei van de constructie in Zuidwest-Azië (3,6%) was groter dan de groei van de constructie in de wereld (0,71%), was groter dan de groei van de constructie in Azië (2,3%).

Vergelijking met subregio's. De toegevoegde waarde van de constructie in Zuidwest-Azië was groter dan in Zuidoost-Azië (US$33,2 miljard), in Zuid-Azië (US$31,2 miljard) en in Centraal-Azië (US$3,3 miljard); maar minder dan in Oost-Azië (US$439,5 miljard). De sector van de constructie per hoofd in Zuidwest-Azië was in Zuidwest-Azië groter dan in Zuidoost-Azië (US$69,0), in Centraal-Azië (US$61,8) en in Zuid-Azië (US$23,8); maar minder dan in Oost-Azië (US$301,8). De groei van de constructie in Zuidwest-Azië was groter dan in Oost-Azië (1,5%) en in Centraal-Azië (-9,6%); maar minder dan in Zuid-Azië (5,0%) en in Zuidoost-Azië (4,6%).

Leiders. De toegevoegde waarde van de constructie in Zuidwest-Azië in de jaren 1990 bestond uit: Turkije (34,4%), Saoedi-Arabië (22,1%), Verenigde Arabische Emiraten (16,7%), Israël (13,2%), Cyprus (1,8%), en andere (11,9%). Het aandeel van de constructie in economie van de leiders: Verenigde Arabische Emiraten (11,2%), Cyprus (9,7%), Turkije (7,0%), Israël (6,9%) en Saoedi-Arabië (6,6%). De toegevoegde waarde van de constructie per hoofd in Zuidwest-Azië onder de leiders: Verenigde Arabische Emiraten ($3.028,1), Cyprus ($1.215,3), Israël ($1.098,6), Saoedi-Arabië ($518,1) en Turkije ($255,0). De groei van de constructie onder de leiders: Israël (8,0%), Verenigde Arabische Emiraten (3,7%), Saoedi-Arabië (2,2%), Turkije (1,4%) en Cyprus (0,16%).

de jaren 2000

De toegevoegde waarde van de constructie in Zuidwest-Azië bedroeg in de jaren 2000 US$84,0 miljard per jaar. Het aandeel in de wereld was 3,4%, en 11,7% in Azië.

Het aandeel van de constructie in de economie van Zuidwest-Azië was 6,0% in de jaren 2000, en was vergelijkbaar met de Seychellen (6,0%), Honduras (5,9%), San Marino (5,9%).

De sector van de constructie per hoofd in Zuidwest-Azië was $411,8 in de jaren 2000s, en was vergelijkbaar met Saint Lucia (US$415,6). De sector van de constructie per hoofd in Zuidwest-Azië was 8,0% hoger dan de constructie per hoofd van de bevolking in de wereld ($381,3), en was in 2,3 keer hoger dan de constructie per hoofd van de bevolking in Azië ($381,3).

De groei van de constructie in Zuidwest-Azië bedroeg 7.1% in de jaren 2000, en was vergelijkbaar met Burundi (7,0%), Noord-Afrika (7,1%), Colombia (7,2%). De groei van de constructie in Zuidwest-Azië (7,1%) was groter dan de groei van de constructie in de wereld (1,5%), was groter dan de groei van de constructie in Azië (4,4%).

Vergelijking met subregio's. De toegevoegde waarde van de constructie in Zuidwest-Azië was groter dan in Zuidoost-Azië (US$48,9 miljard) en in Centraal-Azië (US$7,3 miljard); maar minder dan in Oost-Azië (US$485,4 miljard) en in Zuid-Azië (US$93,6 miljard). De sector van de constructie per hoofd in Zuidwest-Azië was in Zuidwest-Azië groter dan in Oost-Azië (US$311,3), in Centraal-Azië (US$124,5), in Zuidoost-Azië (US$87,7) en in Zuid-Azië (US$59,5). De groei van de constructie in Zuidwest-Azië was groter dan in

Zuidoost-Azië (5,7%) en in Oost-Azië (3,0%); maar minder dan in Centraal-Azië (12,4%) en in Zuid-Azië (8,5%).

Leiders. De waarde van de constructie in Zuidwest-Azië in de jaren 2000 bestond uit: Turkije (31,9%), Verenigde Arabische Emiraten (20,8%), Saoedi-Arabië (18,7%), Israël (8,4%), Qatar (3,6%), en andere (16,7%). Het aandeel van de constructie in economie van de leiders: Verenigde Arabische Emiraten (9,6%), Turkije (6,6%), Qatar (5,9%), Israël (5,1%) en Saoedi-Arabië (5,0%). De toegevoegde waarde van de constructie per hoofd in Zuidwest-Azië onder de leiders: Verenigde Arabische Emiraten ($3.576,6), Qatar ($3.154,9), Israël ($1.078,2), Saoedi-Arabië ($666,3) en Turkije ($398,2). De groei van de constructie onder de leiders: Qatar (24,4%), Verenigde Arabische Emiraten (9,8%), Turkije (5,9%), Saoedi-Arabië (5,7%) en Israël (-0,31%).

de jaren 2010

De toegevoegde waarde van de constructie in Zuidwest-Azië bedroeg in de jaren 2010 US$204,9 miljard per jaar. Het aandeel in de wereld was 4,9%, en 11,8% in Azië.

Het aandeel van de constructie in de economie van Zuidwest-Azië was 6,8% in de jaren 2010, en was vergelijkbaar met Finland (6,8%), Cuba (6,8%), de Filipijnen (6,8%).

De waarde van de constructie per hoofd in Zuidwest-Azië was $805,6 in de jaren 2010s, en was vergelijkbaar met Montserrat (US$795,6), Rusland (US$793,7), Turkije (US$818,9). De sector van de constructie per hoofd in Zuidwest-Azië was 40,8% hoger dan de constructie per hoofd van de bevolking in de wereld ($572,1), en was in 2,1 keer hoger dan de constructie per hoofd van de bevolking in Azië ($572,1).

De groei van de constructie in Zuidwest-Azië bedroeg 4.6% in de jaren 2010, en was vergelijkbaar met Cuba (4,7%). De groei van de constructie in Zuidwest-Azië (4,6%) was groter dan de groei van de constructie in de wereld (2,9%), was minder dan de groei van de constructie in Azië (5,6%).

Vergelijking met subregio's. De toegevoegde waarde van de constructie in Zuidwest-Azië was 21,9% groter dan in Zuidoost-Azië (US$168,2 miljard) en 10,4 keer groter dan in Centraal-Azië (US$19,6 miljard); maar 5,4 keer minder dan in Oost-Azië (US$1,1 biljoen) en 10,3% minder dan in Zuid-Azië (US$228,4 miljard). De bouw per hoofd in Zuidwest-Azië was in Zuidwest-Azië18,9% groter dan in Oost-Azië (US$677,5), 2,8 keer groter dan in Centraal-Azië (US$288,8), 3,0 keer groter dan in Zuidoost-Azië (US$266,9) en 6,4 keer groter dan in Zuid-Azië (US$125,7). De groei van de constructie in Zuidwest-Azië was groter dan in Zuid-Azië (4,1%); maar minder dan in Centraal-Azië (6,9%), in Zuidoost-Azië (6,7%) en in Oost-Azië (5,9%).

Leiders. De sector van de constructie in Zuidwest-Azië in de jaren 2010 bestond uit: Turkije (31,1%), Saoedi-Arabië (18,2%), Verenigde Arabische Emiraten (16,3%), Israël (8,3%), Qatar (8,0%), en andere (18,2%). Het aandeel van de constructie in economie van de leiders: Qatar (9,1%), Verenigde Arabische Emiraten (8,9%), Turkije (8,5%), Israël (6,1%) en Saoedi-Arabië (5,3%). De waarde van de constructie per hoofd in Zuidwest-Azië onder de leiders: Qatar ($6.708,2), Verenigde Arabische Emiraten ($3.605,5), Israël ($2.138,4), Saoedi-Arabië ($1.197,0) en Turkije ($818,9). De groei van de constructie onder de leiders: Qatar (13,8%), Turkije (7,4%), Israël (6,1%), Saoedi-Arabië (3,7%) en Verenigde Arabische Emiraten (0,51%).

Hoofdstuk VII. Vervoer

Transport, opslag en communicatie (ISIC I)

De toegevoegde waarde van het transport in Zuidwest-Azië steeg van US$9,2 miljard per jaar in de jaren 1970 tot US$255,5 miljard per jaar in de jaren 2010, dat wil zeggen met US$246,3 miljard of 27,7 keer. De verandering vond plaats op US$176,3 miljard als gevolg van een 3,2-voudige stijging van de prijzen, en ook op US$51,4 miljard als gevolg van een 2,9-voudige toename van de productiviteit , evenals op US$18,5 miljard als gevolg van de toename van de bevolking. De gemiddelde jaarlijkse groei van het transport is 5,8%. De minimumwaarde van het transport bedroeg US$3,3 miljard in 1970. De maximumwaarde van het transport bedroeg US$288,6 miljard in 2019.

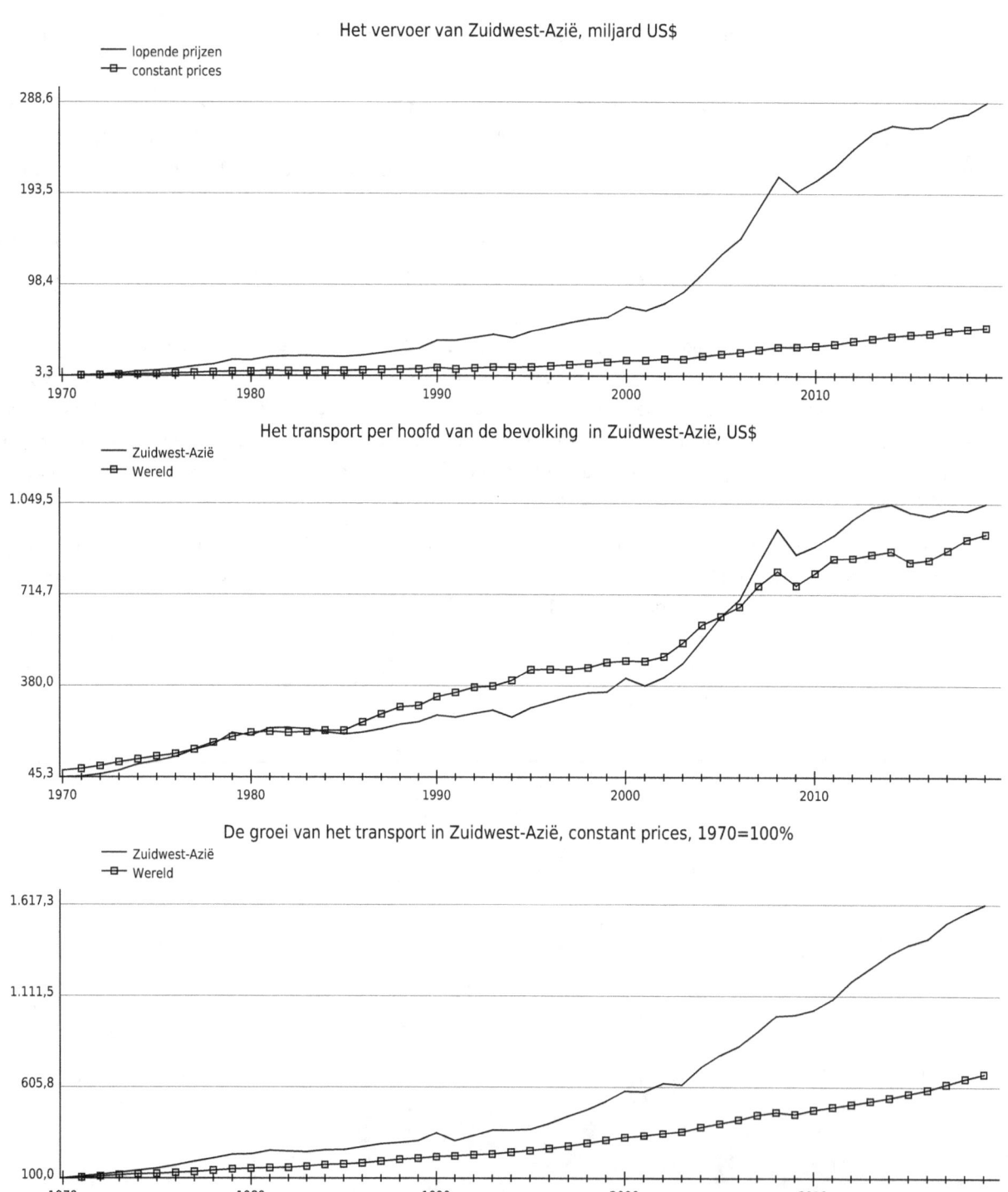

Het vervoer van Zuidwest-Azië, miljard US$

Het transport per hoofd van de bevolking in Zuidwest-Azië, US$

De groei van het transport in Zuidwest-Azië, constant prices, 1970=100%

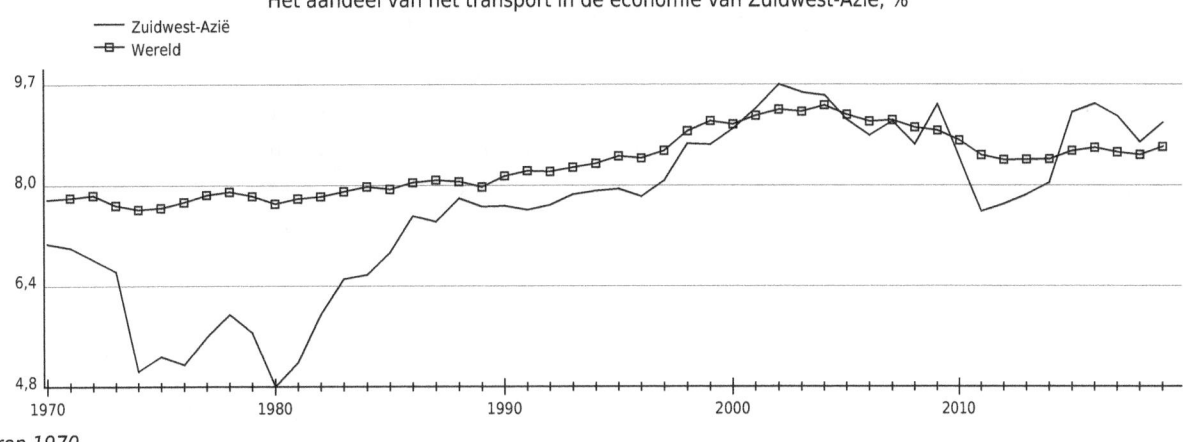

Het aandeel van het transport in de economie van Zuidwest-Azië, %

de jaren 1970

De waarde van het transport in Zuidwest-Azië bedroeg in de jaren 1970 US$9,2 miljard per jaar, en was vergelijkbaar met Oceanië (US$9,0 miljard). Het aandeel in de wereld was 1,9%, en 11,5% in Azië.

Het aandeel van het transport in de economie van Zuidwest-Azië was 5,7% in de jaren 1970, en was vergelijkbaar met Cambodja (5,7%), Senegal (5,8%), Thailand (5,8%).

De sector van het transport per hoofd in Zuidwest-Azië was $109,1 in de jaren 1970s, en was vergelijkbaar met Turkije (US$108,8), Oost-Europa (US$106,8). Het transport per hoofd in Zuidwest-Azië was 10,8% lager dan het transport per hoofd van de bevolking in de wereld ($122,3), en was in 3,2 keer hoger dan het transport per hoofd van de bevolking in Azië ($122,3).

De groei van het transport in Zuidwest-Azië bedroeg 9.8% in de jaren 1970. De groei van het transport in Zuidwest-Azië (9,8%) was groter dan de groei van het transport in de wereld (4,6%), was groter dan de groei van het transport in Azië (4,1%).

Vergelijking met subregio's. De waarde van het transport in Zuidwest-Azië was groter dan in Zuid-Azië (US$8,4 miljard) en in Zuidoost-Azië (US$4,6 miljard); maar minder dan in Oost-Azië (US$57,5 miljard). De toegevoegde waarde van het transport per hoofd in Zuidwest-Azië was in Zuidwest-Azië groter dan in Oost-Azië (US$52,5), in Zuidoost-Azië (US$14,5) en in Zuid-Azië (US$10,2). De groei van het transport in Zuidwest-Azië was groter dan in Zuidoost-Azië (9,2%), in Zuid-Azië (7,6%) en in Oost-Azië (2,6%).

Leiders. Het vervoer van Zuidwest-Azië in de jaren 1970 bestond uit: Turkije (45,9%), Israël (14,1%), Saoedi-Arabië (13,4%), Verenigde Arabische Emiraten (6,1%), Syrië (4,5%), en andere (16,0%). Het aandeel van het transport in economie van de leiders: Israël (10,1%), Syrië (8,3%), Turkije (8,1%), Verenigde Arabische Emiraten (4,2%) en Saoedi-Arabië (2,7%). De toegevoegde waarde van het transport per hoofd in Zuidwest-Azië onder de leiders: Verenigde Arabische Emiraten ($1.040,8), Israël ($401,7), Saoedi-Arabië ($168,0), Turkije ($108,8) en Syrië ($56,1). De groei van het transport onder de leiders: Verenigde Arabische Emiraten (15,1%), Saoedi-Arabië (11,5%), Turkije (9,4%), Syrië (7,5%) en Israël (2,1%).

de jaren 1980

De sector van het transport in Zuidwest-Azië bedroeg in de jaren 1980 US$25,1 miljard per jaar, en was vergelijkbaar met West-Afrika (US$25,3 miljard), Zuid-Azië (US$24,5 miljard). Het aandeel in de wereld was 2,1%, en 10,2% in Azië.

Het aandeel van het transport in de economie van Zuidwest-Azië was 6,6% in de jaren 1980, en was vergelijkbaar met Oost-Afrika (6,6%), Noord-Afrika (6,6%), Zuidoost-Azië (6,6%).

Het transport per hoofd in Zuidwest-Azië was $220,4 in de jaren 1980s, en was vergelijkbaar met Zuid-Afrika (US$222,1), de Britse Maagdeneilanden (US$217,9). De waarde van het transport per hoofd in Zuidwest-Azië was 8,9% lager dan het transport per hoofd van de bevolking in de wereld ($242,0), en was in 2,5 keer hoger dan het transport per hoofd van de bevolking in Azië ($242,0).

De groei van het transport in Zuidwest-Azië bedroeg 2.9% in de jaren 1980, en was vergelijkbaar met de FS van Micronesië (2,9%). De groei van het transport in Zuidwest-Azië (2,9%) was minder dan de groei van het transport in de wereld (3,4%), was minder dan de groei van het transport in Azië (5,2%).

Vergelijking met subregio's. De sector van het transport in Zuidwest-Azië was groter dan in Zuid-Azië (US$24,5 miljard) en in Zuidoost-Azië (US$16,4 miljard); maar minder dan in Oost-Azië (US$180,5 miljard). Het vervoer per hoofd in Zuidwest-Azië was in

Zuidwest-Azië groter dan in Oost-Azië (US$141,3), in Zuidoost-Azië (US$41,3) en in Zuid-Azië (US$23,3). De groei van het transport in Zuidwest-Azië was minder dan in Zuidoost-Azië (7,3%), in Oost-Azië (5,7%) en in Zuid-Azië (3,6%).

Leiders. De toegevoegde waarde van het transport in Zuidwest-Azië in de jaren 1980 bestond uit: Turkije (37,6%), Saoedi-Arabië (19,7%), Israël (12,8%), Verenigde Arabische Emiraten (7,9%), Irak (5,2%), en andere (16,8%). Het aandeel van het transport in economie van de leiders: Turkije (10,1%), Israël (10,1%), Irak (6,2%), Verenigde Arabische Emiraten (4,8%) en Saoedi-Arabië (4,0%). De toegevoegde waarde van het transport per hoofd in Zuidwest-Azië onder de leiders: Verenigde Arabische Emiraten ($1.462,8), Israël ($802,6), Saoedi-Arabië ($387,1), Turkije ($194,0) en Irak ($84,6). De groei van het transport onder de leiders: Israël (5,0%), Turkije (4,2%), Verenigde Arabische Emiraten (3,6%), Saoedi-Arabië (2,5%) en Irak (-0,65%).

de jaren 1990

De waarde van het transport in Zuidwest-Azië bedroeg in de jaren 1990 US$50,3 miljard per jaar, en was vergelijkbaar met Spanje (US$49,2 miljard). Het aandeel in de wereld was 2,2%, en 8,2% in Azië.

Het aandeel van het transport in de economie van Zuidwest-Azië was 8,1% in de jaren 1990, en was vergelijkbaar met Azië (8,1%).

De toegevoegde waarde van het transport per hoofd in Zuidwest-Azië was $305,9 in de jaren 1990s, en was vergelijkbaar met Centraal-Amerika (US$304,3), Oman (US$304,1), Zuid-Afrika (US$303,7). Het transport per hoofd in Zuidwest-Azië was 25,3% lager dan het transport per hoofd van de bevolking in de wereld ($409,5), en was 72,6% hoger dan het transport per hoofd van de bevolking in Azië ($409,5).

De groei van het transport in Zuidwest-Azië bedroeg 5.5% in de jaren 1990, en was vergelijkbaar met Bolivia (5,5%), Lesotho (5,6%). De groei van het transport in Zuidwest-Azië (5,5%) was groter dan de groei van het transport in de wereld (4,0%), was groter dan de groei van het transport in Azië (5,4%).

Vergelijking met subregio's. Het transport van Zuidwest-Azië was groter dan in Zuidoost-Azië (US$42,2 miljard), in Zuid-Azië (US$40,3 miljard) en in Centraal-Azië (US$3,6 miljard); maar minder dan in Oost-Azië (US$477,5 miljard). De toegevoegde waarde van het transport per hoofd in Zuidwest-Azië was in Zuidwest-Azië groter dan in Zuidoost-Azië (US$87,8), in Centraal-Azië (US$68,7) en in Zuid-Azië (US$30,8); maar minder dan in Oost-Azië (US$327,9). De groei van het transport in Zuidwest-Azië was groter dan in Oost-Azië (4,9%) en in Centraal-Azië (-7,4%); maar minder dan in Zuidoost-Azië (6,8%) en in Zuid-Azië (6,8%).

Leiders. De toegevoegde waarde van het transport in Zuidwest-Azië in de jaren 1990 bestond uit: Turkije (44,9%), Israël (16,3%), Saoedi-Arabië (12,9%), Verenigde Arabische Emiraten (8,2%), Syrië (3,2%), en andere (14,5%). Het aandeel van het transport in economie van de leiders: Syrië (10,9%), Turkije (10,7%), Israël (10,0%), Verenigde Arabische Emiraten (6,4%) en Saoedi-Arabië (4,5%). De waarde van het transport per hoofd in Zuidwest-Azië onder de leiders: Verenigde Arabische Emiraten ($1.735,0), Israël ($1.588,5), Turkije ($389,5), Saoedi-Arabië ($354,5) en Syrië ($111,9). De groei van het transport onder de leiders: Syrië (8,0%), Verenigde Arabische Emiraten (6,2%), Turkije (5,8%), Israël (4,2%) en Saoedi-Arabië (2,9%).

de jaren 2000

De waarde van het transport in Zuidwest-Azië bedroeg in de jaren 2000 US$128,9 miljard per jaar. Het aandeel in de wereld was 3,2%, en 12,3% in Azië.

Het aandeel van het transport in de economie van Zuidwest-Azië was 9,1% in de jaren 2000, en was vergelijkbaar met Duitsland (9,1%), Oostenrijk (9,1%), de Wereld (9,1%).

De sector van het transport per hoofd in Zuidwest-Azië was $631,6 in de jaren 2000s, en was vergelijkbaar met de Wereld (US$621,1). De sector van het transport per hoofd in Zuidwest-Azië was 1,7% hoger dan het transport per hoofd van de bevolking in de wereld ($621,1), en was in 2,4 keer hoger dan het transport per hoofd van de bevolking in Azië ($621,1).

De groei van het transport in Zuidwest-Azië bedroeg 6.7% in de jaren 2000. De groei van het transport in Zuidwest-Azië (6,7%) was groter dan de groei van het transport in de wereld (3,9%), was groter dan de groei van het transport in Azië (5,4%).

Vergelijking met subregio's. De toegevoegde waarde van het transport in Zuidwest-Azië was groter dan in Zuid-Azië (US$101,5 miljard), in Zuidoost-Azië (US$79,9 miljard) en in Centraal-Azië (US$10,3 miljard); maar minder dan in Oost-Azië (US$726,0 miljard). Het vervoer per hoofd in Zuidwest-Azië was in Zuidwest-Azië groter dan in Oost-Azië (US$465,6), in Centraal-Azië (US$177,6), in Zuidoost-Azië (US$143,4) en in Zuid-Azië (US$64,5). De groei van het transport in Zuidwest-Azië was groter dan in Oost-Azië (4,3%); maar minder dan in Centraal-Azië (9,8%), in Zuid-Azië (8,5%) en in Zuidoost-Azië (7,9%).

Leiders. Het transport van Zuidwest-Azië in de jaren 2000 bestond uit: Turkije (44,2%), Israël (13,3%), Verenigde Arabische Emiraten (11,8%), Saoedi-Arabië (10,0%), Koeweit (3,9%), en andere (16,7%). Het aandeel van het transport in economie van de leiders: Turkije (14,0%), Israël (12,4%), Verenigde Arabische Emiraten (8,4%), Koeweit (6,3%) en Saoedi-Arabië (4,1%). De sector van het transport per hoofd in Zuidwest-Azië onder de leiders: Verenigde Arabische Emiraten ($3.128,5), Israël ($2.629,2), Koeweit ($2.173,4), Turkije ($845,4) en Saoedi-Arabië ($549,7). De groei van het transport onder de leiders: Koeweit (18,1%), Saoedi-Arabië (11,8%), Verenigde Arabische Emiraten (10,8%), Israël (7,8%) en Turkije (5,0%).

de jaren 2010

Het transport van Zuidwest-Azië bedroeg in de jaren 2010 US$255,5 miljard per jaar, en was vergelijkbaar met het Verenigd Koninkrijk (US$257,7 miljard). Het aandeel in de wereld was 4,0%, en 13,5% in Azië.

Het aandeel van het transport in de economie van Zuidwest-Azië was 8,5% in de jaren 2010, en was vergelijkbaar met de Verenigde Arabische Emiraten (8,5%), de Wereld (8,6%), Indonesië (8,6%).

De waarde van het transport per hoofd in Zuidwest-Azië was $1.004,2 in de jaren 2010s. De sector van het transport per hoofd in Zuidwest-Azië was 16,1% hoger dan het transport per hoofd van de bevolking in de wereld ($864,8), en was in 2,3 keer hoger dan het transport per hoofd van de bevolking in Azië ($864,8).

De groei van het transport in Zuidwest-Azië bedroeg 4.8% in de jaren 2010, en was vergelijkbaar met Papoea-Nieuw-Guinea (4,8%). De groei van het transport in Zuidwest-Azië (4,8%) was groter dan de groei van het transport in de wereld (4,0%), was groter dan de groei van het transport in Azië (4,7%).

Vergelijking met subregio's. Het vervoer van Zuidwest-Azië was 5,6% groter dan in Zuid-Azië (US$241,8 miljard), 23,8% groter dan in Zuidoost-Azië (US$206,3 miljard) en 9,0 keer groter dan in Centraal-Azië (US$28,3 miljard); maar 4,6 keer minder dan in Oost-Azië (US$1,2 biljoen). Het transport per hoofd in Zuidwest-Azië was in Zuidwest-Azië41,4% groter dan in Oost-Azië (US$710,0), 2,4 keer groter dan in Centraal-Azië (US$416,7), 3,1 keer groter dan in Zuidoost-Azië (US$327,5) en 7,5 keer groter dan in Zuid-Azië (US$133,1). De groei van het transport in Zuidwest-Azië was groter dan in Oost-Azië (4,1%); maar minder dan in Zuidoost-Azië (6,9%), in Centraal-Azië (6,7%) en in Zuid-Azië (5,5%).

Leiders. De sector van het transport in Zuidwest-Azië in de jaren 2010 bestond uit: Turkije (35,4%), Saoedi-Arabië (15,2%), Israël (13,2%), Verenigde Arabische Emiraten (12,6%), Irak (6,3%), en andere (17,3%). Het aandeel van het transport in economie van de leiders: Israël (12,1%), Turkije (12,0%), Verenigde Arabische Emiraten (8,5%), Irak (8,2%) en Saoedi-Arabië (5,5%). De waarde van het transport per hoofd in Zuidwest-Azië onder de leiders: Israël ($4.253,6), Verenigde Arabische Emiraten ($3.465,7), Saoedi-Arabië ($1.247,0), Turkije ($1.162,0) en Irak ($465,9). De groei van het transport onder de leiders: Irak (9,6%), Israël (6,5%), Saoedi-Arabië (6,2%), Turkije (5,5%) en Verenigde Arabische Emiraten (3,3%).

Hoofdstuk VIII. Handel

Groothandel, detailhandel, restaurants en hotels (ISIC G-H)

De sector van de handel in Zuidwest-Azië steeg van US$15,9 miljard per jaar in de jaren 1970 tot US$356,9 miljard per jaar in de jaren 2010, dat wil zeggen met US$340,9 miljard of 22,4 keer. De verandering vond plaats op US$239,5 miljard als gevolg van een 3,0-voudige stijging van de prijzen, en ook op US$69,4 miljard als gevolg van een 2,4-voudige toename van de productiviteit , evenals op US$32,1 miljard als gevolg van de toename van de bevolking. De gemiddelde jaarlijkse groei van de handel is 5,4%. De minimumwaarde van de handel bedroeg US$4,9 miljard in 1970. De maximumwaarde van de handel bedroeg US$392,0 miljard in 2019.

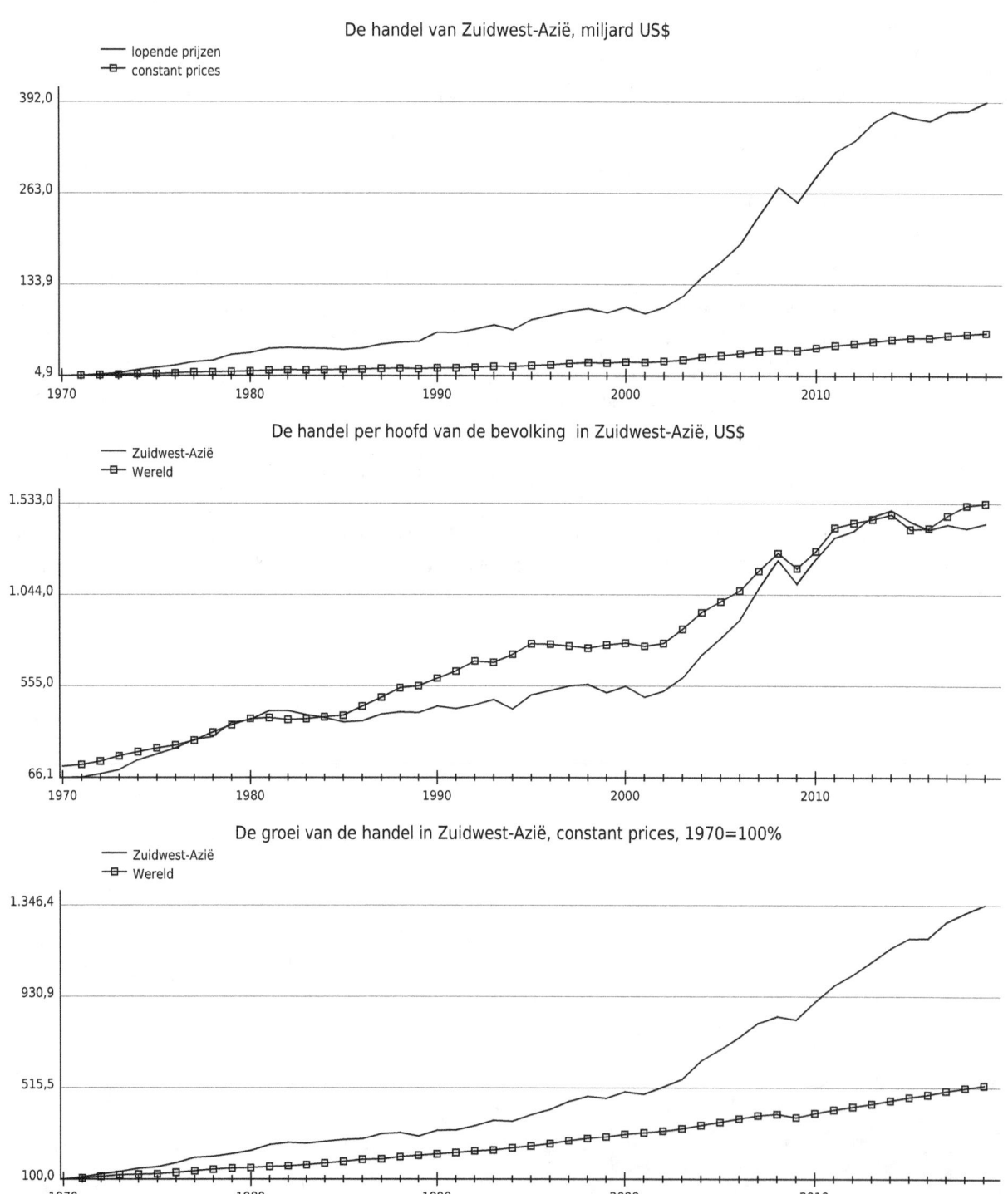

De handel van Zuidwest-Azië, miljard US$

De handel per hoofd van de bevolking in Zuidwest-Azië, US$

De groei van de handel in Zuidwest-Azië, constant prices, 1970=100%

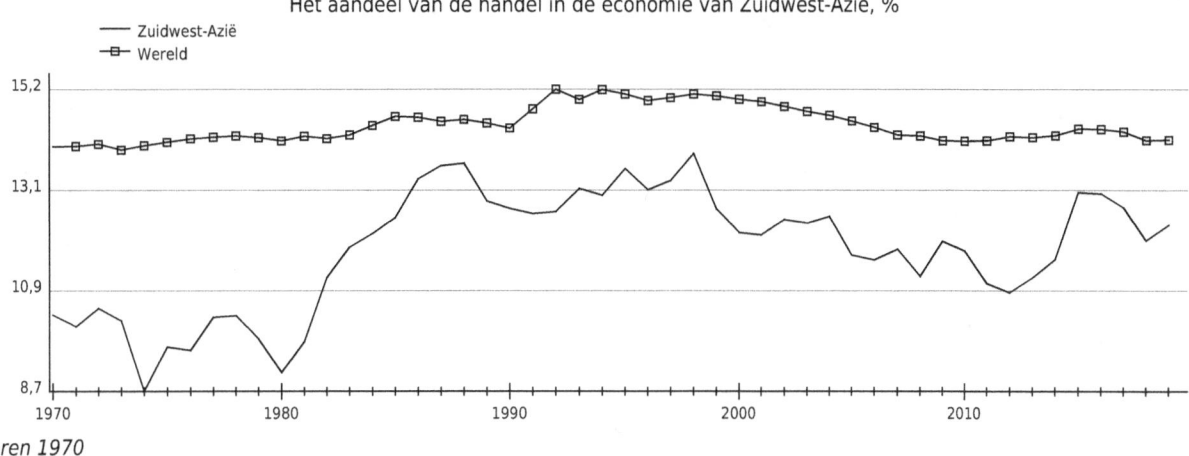

Het aandeel van de handel in de economie van Zuidwest-Azië, %

de jaren 1970

De waarde van de handel in Zuidwest-Azië bedroeg in de jaren 1970 US$15,9 miljard per jaar, en was vergelijkbaar met Zuidoost-Azië (US$16,2 miljard), Spanje (US$16,3 miljard). Het aandeel in de wereld was 1,8%, en 10,2% in Azië.

Het aandeel van de handel in de economie van Zuidwest-Azië was 9,9% in de jaren 1970, en was vergelijkbaar met Somalië (10,0%).

De toegevoegde waarde van de handel per hoofd in Zuidwest-Azië was $188,7 in de jaren 1970s, en was vergelijkbaar met Venezuela (US$191,9), Saint Lucia (US$184,8). De sector van de handel per hoofd in Zuidwest-Azië was 14,6% lager dan de handel per hoofd van de bevolking in de wereld ($221,0), en was in 2,8 keer hoger dan de handel per hoofd van de bevolking in Azië ($221,0).

De groei van de handel in Zuidwest-Azië bedroeg 8.8% in de jaren 1970, en was vergelijkbaar met Hongkong (8,8%), Paraguay (8,8%). De groei van de handel in Zuidwest-Azië (8,8%) was groter dan de groei van de handel in de wereld (4,5%), was groter dan de groei van de handel in Azië (7,7%).

Vergelijking met subregio's. De handel van Zuidwest-Azië was groter dan in Zuid-Azië (US$14,5 miljard); maar minder dan in Oost-Azië (US$109,7 miljard) en in Zuidoost-Azië (US$16,2 miljard). De sector van de handel per hoofd in Zuidwest-Azië was in Zuidwest-Azië groter dan in Oost-Azië (US$100,1), in Zuidoost-Azië (US$51,5) en in Zuid-Azië (US$17,5). De groei van de handel in Zuidwest-Azië was groter dan in Oost-Azië (8,1%), in Zuidoost-Azië (6,5%) en in Zuid-Azië (5,6%).

Leiders. De sector van de handel in Zuidwest-Azië in de jaren 1970 bestond uit: Turkije (43,3%), Verenigde Arabische Emiraten (12,8%), Saoedi-Arabië (11,4%), Israël (8,6%), Syrië (7,4%), en andere (16,4%). Het aandeel van de handel in economie van de leiders: Syrië (23,4%), Verenigde Arabische Emiraten (15,3%), Turkije (13,2%), Israël (10,7%) en Saoedi-Arabië (4,0%). De waarde van de handel per hoofd in Zuidwest-Azië onder de leiders: Verenigde Arabische Emiraten ($3.785,1), Israël ($425,8), Saoedi-Arabië ($248,5), Turkije ($177,5) en Syrië ($157,4). De groei van de handel onder de leiders: Saoedi-Arabië (20,1%), Verenigde Arabische Emiraten (12,0%), Syrië (9,9%), Turkije (7,1%) en Israël (6,1%).

de jaren 1980

De handel van Zuidwest-Azië bedroeg in de jaren 1980 US$45,1 miljard per jaar, en was vergelijkbaar met Zuidoost-Azië (US$45,2 miljard). Het aandeel in de wereld was 2,1%, en 9,5% in Azië.

Het aandeel van de handel in de economie van Zuidwest-Azië was 11,9% in de jaren 1980, en was vergelijkbaar met Zuid-Amerika (11,9%), West-Afrika (11,9%), IJsland (11,9%).

De sector van de handel per hoofd in Zuidwest-Azië was $396,9 in de jaren 1980s, en was vergelijkbaar met Jamaica (US$396,3), Saint Kitts en Nevis (US$388,1). De toegevoegde waarde van de handel per hoofd in Zuidwest-Azië was 9,3% lager dan de handel per hoofd van de bevolking in de wereld ($437,7), en was in 2,4 keer hoger dan de handel per hoofd van de bevolking in Azië ($437,7).

De groei van de handel in Zuidwest-Azië bedroeg 3.3% in de jaren 1980, en was vergelijkbaar met de Filipijnen (3,3%). De groei van de handel in Zuidwest-Azië (3,3%) was minder dan de groei van de handel in de wereld (3,3%), was minder dan de groei van de handel in Azië (5,8%).

Vergelijking met subregio's. De sector van de handel in Zuidwest-Azië was groter dan in Zuid-Azië (US$42,8 miljard); maar minder dan in Oost-Azië (US$340,1 miljard) en in Zuidoost-Azië (US$45,2 miljard). De toegevoegde waarde van de handel per hoofd in

Zuidwest-Azië was in Zuidwest-Azië groter dan in Oost-Azië (US$266,2), in Zuidoost-Azië (US$114,1) en in Zuid-Azië (US$40,8). De groei van de handel in Zuidwest-Azië was minder dan in Oost-Azië (6,3%), in Zuidoost-Azië (5,8%) en in Zuid-Azië (4,9%).

Leiders. De waarde van de handel in Zuidwest-Azië in de jaren 1980 bestond uit: Turkije (33,8%), Saoedi-Arabië (17,7%), Verenigde Arabische Emiraten (15,4%), Israël (8,0%), Syrië (7,3%), en andere (17,8%). Het aandeel van de handel in economie van de leiders: Syrië (24,0%), Verenigde Arabische Emiraten (17,0%), Turkije (16,4%), Israël (11,3%) en Saoedi-Arabië (6,6%). De sector van de handel per hoofd in Zuidwest-Azië onder de leiders: Verenigde Arabische Emiraten ($5.134,7), Israël ($899,2), Saoedi-Arabië ($628,4), Syrië ($315,8) en Turkije ($314,2). De groei van de handel onder de leiders: Turkije (5,9%), Saoedi-Arabië (3,6%), Verenigde Arabische Emiraten (2,1%), Israël (1,9%) en Syrië (1,4%).

de jaren 1990

De sector van de handel in Zuidwest-Azië bedroeg in de jaren 1990 US$81,4 miljard per jaar. Het aandeel in de wereld was 2,0%, en 7,0% in Azië.

Het aandeel van de handel in de economie van Zuidwest-Azië was 13,1% in de jaren 1990, en was vergelijkbaar met Ethiopië (13,1%), Kaapverdië (13,0%), Slovenië (13,1%).

De toegevoegde waarde van de handel per hoofd in Zuidwest-Azië was $494,6 in de jaren 1990s, en was vergelijkbaar met Rusland (US$499,6), Mauritius (US$499,7), Costa Rica (US$502,0). De sector van de handel per hoofd in Zuidwest-Azië was 31,5% lager dan de handel per hoofd van de bevolking in de wereld ($721,8), en was 46,8% hoger dan de handel per hoofd van de bevolking in Azië ($721,8).

De groei van de handel in Zuidwest-Azië bedroeg 4.7% in de jaren 1990, en was vergelijkbaar met Mozambique (4,7%), Belize (4,7%), Aruba (4,7%). De groei van de handel in Zuidwest-Azië (4,7%) was groter dan de groei van de handel in de wereld (3,5%), was minder dan de groei van de handel in Azië (4,9%).

Vergelijking met subregio's. De toegevoegde waarde van de handel in Zuidwest-Azië was groter dan in Zuid-Azië (US$68,4 miljard) en in Centraal-Azië (US$4,7 miljard); maar minder dan in Oost-Azië (US$907,4 miljard) en in Zuidoost-Azië (US$105,8 miljard). De toegevoegde waarde van de handel per hoofd in Zuidwest-Azië was in Zuidwest-Azië groter dan in Zuidoost-Azië (US$219,8), in Centraal-Azië (US$89,9) en in Zuid-Azië (US$52,2); maar minder dan in Oost-Azië (US$623,2). De groei van de handel in Zuidwest-Azië was groter dan in Centraal-Azië (-3,5%); maar minder dan in Zuid-Azië (5,5%), in Zuidoost-Azië (5,1%) en in Oost-Azië (4,8%).

Leiders. De sector van de handel in Zuidwest-Azië in de jaren 1990 bestond uit: Turkije (44,1%), Verenigde Arabische Emiraten (16,6%), Saoedi-Arabië (11,7%), Israël (10,2%), Syrië (4,1%), en andere (13,3%). Het aandeel van de handel in economie van de leiders: Syrië (22,7%), Verenigde Arabische Emiraten (21,0%), Turkije (16,9%), Israël (10,2%) en Saoedi-Arabië (6,6%). De handel per hoofd in Zuidwest-Azië onder de leiders: Verenigde Arabische Emiraten ($5.690,8), Israël ($1.614,2), Turkije ($618,2), Saoedi-Arabië ($518,8) en Syrië ($233,5). De groei van de handel onder de leiders: Israël (5,0%), Verenigde Arabische Emiraten (5,0%), Turkije (4,0%), Saoedi-Arabië (4,0%) en Syrië (3,1%).

de jaren 2000

De sector van de handel in Zuidwest-Azië bedroeg in de jaren 2000 US$167,0 miljard per jaar. Het aandeel in de wereld was 2,6%, en 9,6% in Azië.

Het aandeel van de handel in de economie van Zuidwest-Azië was 11,8% in de jaren 2000, en was vergelijkbaar met Tonga (11,8%), Duitsland (11,8%), Zuid-Azië (11,9%).

De handel per hoofd in Zuidwest-Azië was $818,4 in de jaren 2000s, en was vergelijkbaar met Uruguay (US$816,1), Venezuela (US$814,8), Maleisië (US$806,3). De toegevoegde waarde van de handel per hoofd in Zuidwest-Azië was 17,4% lager dan de handel per hoofd van de bevolking in de wereld ($990,3), en was 86,6% hoger dan de handel per hoofd van de bevolking in Azië ($990,3).

De groei van de handel in Zuidwest-Azië bedroeg 5.8% in de jaren 2000, en was vergelijkbaar met Botswana (5,9%), Jordanië (5,9%), Afrika (5,9%). De groei van de handel in Zuidwest-Azië (5,8%) was groter dan de groei van de handel in de wereld (2,7%), was groter dan de groei van de handel in Azië (4,5%).

Vergelijking met subregio's. De toegevoegde waarde van de handel in Zuidwest-Azië was groter dan in Zuid-Azië (US$144,6 miljard) en in Centraal-Azië (US$11,3 miljard); maar minder dan in Oost-Azië (US$1,2 biljoen) en in Zuidoost-Azië (US$175,2 miljard). De handel per hoofd in Zuidwest-Azië was in Zuidwest-Azië groter dan in Oost-Azië (US$792,8), in Zuidoost-Azië (US$314,3), in Centraal-Azië

(US$194,5) en in Zuid-Azië (US$91,8). De groei van de handel in Zuidwest-Azië was groter dan in Zuidoost-Azië (5,5%) en in Oost-Azië (3,8%); maar minder dan in Centraal-Azië (8,5%) en in Zuid-Azië (6,1%).

Leiders. De waarde van de handel in Zuidwest-Azië in de jaren 2000 bestond uit: Turkije (39,1%), Verenigde Arabische Emiraten (17,2%), Saoedi-Arabië (13,3%), Israël (9,1%), Syrië (3,6%), en andere (17,8%). Het aandeel van de handel in economie van de leiders: Syrië (19,2%), Turkije (16,0%), Verenigde Arabische Emiraten (15,8%), Israël (11,0%) en Saoedi-Arabië (7,1%). De sector van de handel per hoofd in Zuidwest-Azië onder de leiders: Verenigde Arabische Emiraten ($5.884,5), Israël ($2.325,3), Turkije ($968,7), Saoedi-Arabië ($940,7) en Syrië ($328,6). De groei van de handel onder de leiders: Saoedi-Arabië (9,6%), Syrië (7,4%), Israël (6,4%), Verenigde Arabische Emiraten (5,3%) en Turkije (3,1%).

de jaren 2010

De toegevoegde waarde van de handel in Zuidwest-Azië bedroeg in de jaren 2010 US$356,9 miljard per jaar. Het aandeel in de wereld was 3,4%, en 9,9% in Azië.

Het aandeel van de handel in de economie van Zuidwest-Azië was 11,9% in de jaren 2010, en was vergelijkbaar met Hongarije (11,9%), Marokko (11,8%).

De toegevoegde waarde van de handel per hoofd in Zuidwest-Azië was $1.402,8 in de jaren 2010s, en was vergelijkbaar met Montenegro (US$1.403,5), Brazilië (US$1.411,1), Hongarije (US$1.435,0). De toegevoegde waarde van de handel per hoofd in Zuidwest-Azië was 2,4% lager dan de handel per hoofd van de bevolking in de wereld ($1.436,8), en was 70,9% hoger dan de handel per hoofd van de bevolking in Azië ($1.436,8).

De groei van de handel in Zuidwest-Azië bedroeg 5% in de jaren 2010, en was vergelijkbaar met Peru (5,0%), Saoedi-Arabië (5,0%). De groei van de handel in Zuidwest-Azië (5,0%) was groter dan de groei van de handel in de wereld (3,3%), was minder dan de groei van de handel in Azië (5,6%).

Vergelijking met subregio's. De toegevoegde waarde van de handel in Zuidwest-Azië was 9,1 keer groter dan in Centraal-Azië (US$39,4 miljard); maar 6,7 keer minder dan in Oost-Azië (US$2,4 biljoen), 20,9% minder dan in Zuidoost-Azië (US$451,0 miljard) en 7,2% minder dan in Zuid-Azië (US$384,7 miljard). De waarde van de handel per hoofd in Zuidwest-Azië was in Zuidwest-Azië96,0% groter dan in Zuidoost-Azië (US$715,8), 2,4 keer groter dan in Centraal-Azië (US$579,9) en 6,6 keer groter dan in Zuid-Azië (US$211,8); maar 3,6% minder dan in Oost-Azië (US$1.455,8). De groei van de handel in Zuidwest-Azië was minder dan in Centraal-Azië (7,9%), in Zuid-Azië (7,0%), in Zuidoost-Azië (5,9%) en in Oost-Azië (5,3%).

Leiders. De sector van de handel in Zuidwest-Azië in de jaren 2010 bestond uit: Turkije (34,3%), Saoedi-Arabië (18,7%), Verenigde Arabische Emiraten (14,4%), Israël (9,1%), Irak (4,4%), en andere (19,0%). Het aandeel van de handel in economie van de leiders: Turkije (16,2%), Verenigde Arabische Emiraten (13,7%), Israël (11,7%), Saoedi-Arabië (9,5%) en Irak (8,0%). De sector van de handel per hoofd in Zuidwest-Azië onder de leiders: Verenigde Arabische Emiraten ($5.557,5), Israël ($4.082,9), Saoedi-Arabië ($2.149,4), Turkije ($1.573,6) en Irak ($455,2). De groei van de handel onder de leiders: Turkije (7,5%), Irak (5,9%), Israël (5,2%), Saoedi-Arabië (5,0%) en Verenigde Arabische Emiraten (4,4%).

Hoofdstuk IX. Diensten

(ISIC J-P)

De diensten van Zuidwest-Azië zijn gestegen van US$37,7 miljard per jaar in de jaren 1970 tot US$971,0 miljard per jaar in de jaren 2010, dat wil zeggen met US$933,3 miljard of 25,8 keer. De verandering vond plaats op US$766,4 miljard als gevolg van een 4,7-voudige stijging van de prijzen, en ook op US$91,0 miljard als gevolg van een 1,8-voudige toename van de productiviteit , evenals op US$75,9 miljard als gevolg van de toename van de bevolking. De gemiddelde jaarlijkse groei van de diensten is 4,6%. De minimumwaarde van de diensten bedroeg US$12,2 miljard in 1970. De maximumwaarde van de diensten bedroeg US$1,1 biljoen in 2019.

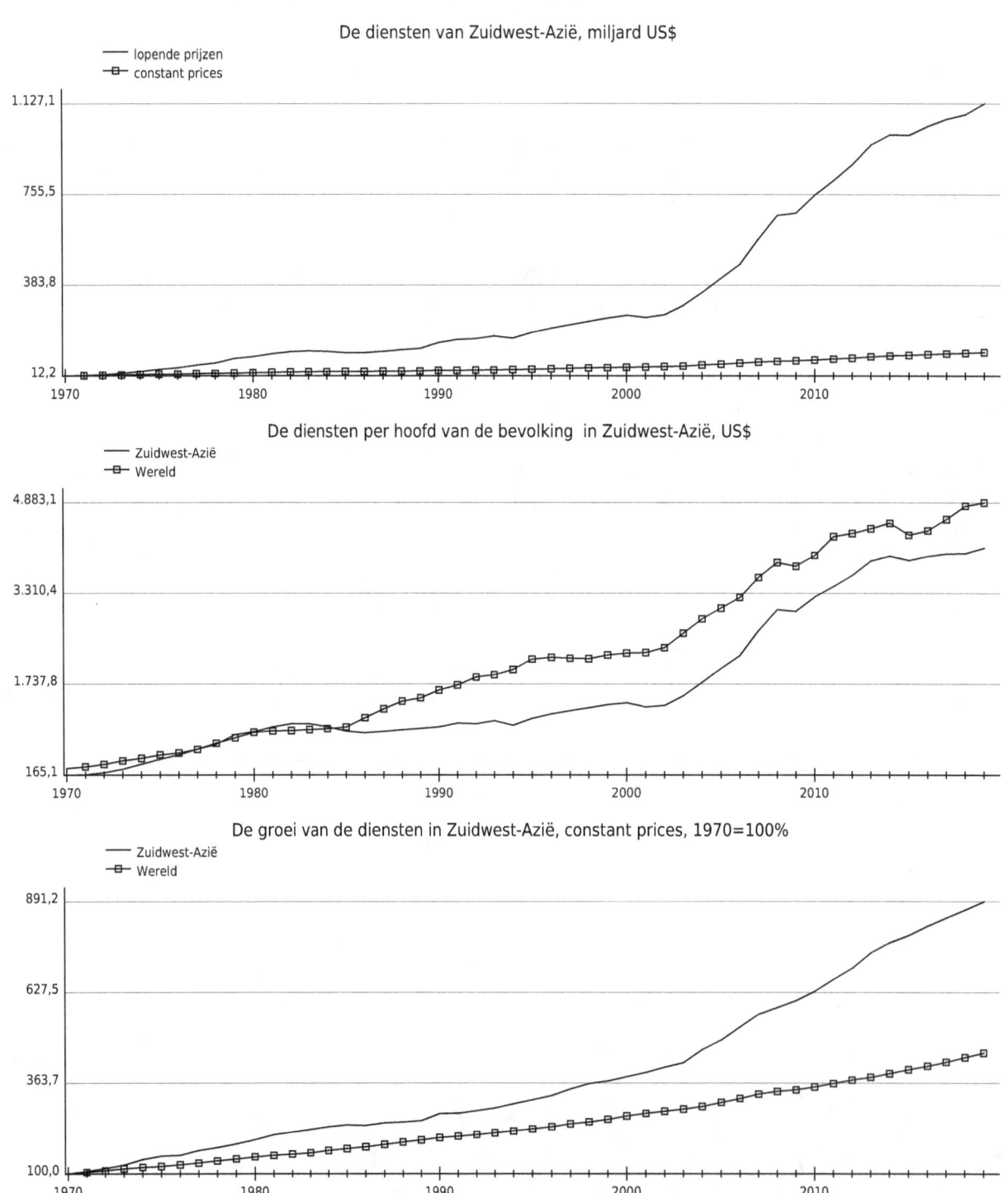

De diensten van Zuidwest-Azië, miljard US$

De diensten per hoofd van de bevolking in Zuidwest-Azië, US$

De groei van de diensten in Zuidwest-Azië, constant prices, 1970=100%

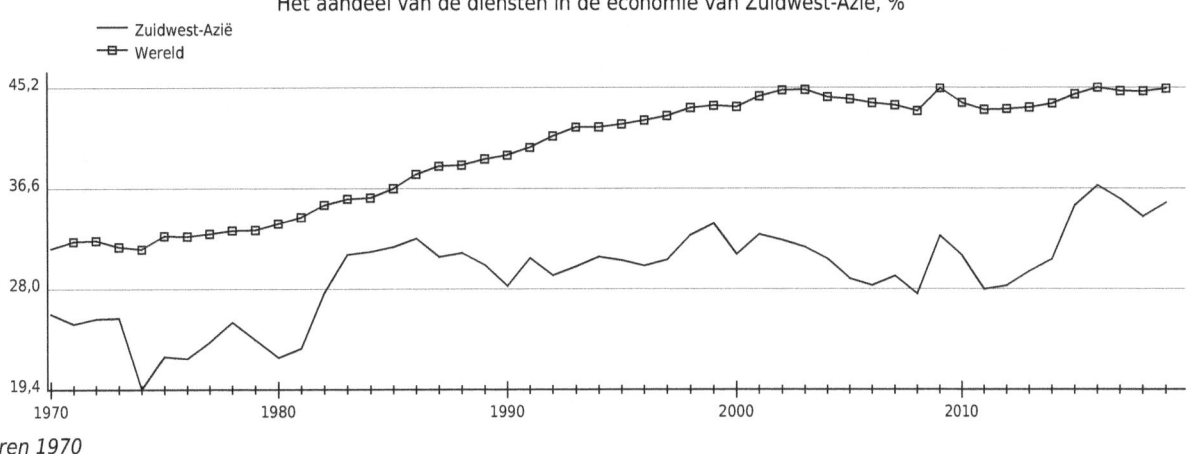

Het aandeel van de diensten in de economie van Zuidwest-Azië, %

de jaren 1970

De diensten van Zuidwest-Azië bedroegen in de jaren 1970 US$37,7 miljard per jaar, en waren vergelijkbaar met Australazië (US$37,7 miljard). Het aandeel in de wereld was 1,8%, en 13,4% in Azië.

Het aandeel van de diensten in de economie van Zuidwest-Azië was 23,4% in de jaren 1970, en was vergelijkbaar met Laos (23,3%), Noord-Korea (23,2%), Zambia (23,2%).

De sector van de diensten per hoofd in Zuidwest-Azië was $446,5 in de jaren 1970s, en was vergelijkbaar met Cuba (US$443,7), Saint Kitts en Nevis (US$456,9), Fiji (US$457,6). De sector van de diensten per hoofd in Zuidwest-Azië was 11,9% lager dan de diensten per hoofd van de bevolking in de wereld ($506,9), en was in 3,7 keer hoger dan de diensten per hoofd van de bevolking in Azië ($506,9).

De groei van de diensten in Zuidwest-Azië bedroeg 7.2% in de jaren 1970, en was vergelijkbaar met Kenia (7,2%), Liberia (7,3%). De groei van de diensten in Zuidwest-Azië (7,2%) was groter dan de groei van de diensten in de wereld (4,1%), was groter dan de groei van de diensten in Azië (6,5%).

Vergelijking met subregio's. De toegevoegde waarde van de diensten in Zuidwest-Azië was groter dan in Zuidoost-Azië (US$16,0 miljard); maar minder dan in Oost-Azië (US$187,1 miljard) en in Zuid-Azië (US$41,4 miljard). De toegevoegde waarde van de diensten per hoofd in Zuidwest-Azië was in Zuidwest-Azië groter dan in Oost-Azië (US$170,8), in Zuidoost-Azië (US$50,8) en in Zuid-Azië (US$50,1). De groei van de diensten in Zuidwest-Azië was groter dan in Zuidoost-Azië (6,8%) en in Oost-Azië (6,1%); maar minder dan in Zuid-Azië (8,3%).

Leiders. De toegevoegde waarde van de diensten in Zuidwest-Azië in de jaren 1970 bestond uit: Turkije (30,8%), Saoedi-Arabië (29,7%), Israël (13,8%), Libanon (4,4%), Koeweit (4,2%), en andere (17,0%). Het aandeel van de diensten in economie van de leiders: Libanon (50,3%), Israël (40,7%), Saoedi-Arabië (24,3%), Turkije (22,2%) en Koeweit (14,8%). De waarde van de diensten per hoofd in Zuidwest-Azië onder de leiders: Israël ($1.614,2), Koeweit ($1.592,4), Saoedi-Arabië ($1.527,8), Libanon ($654,7) en Turkije ($298,8). De groei van de diensten onder de leiders: Saoedi-Arabië (12,2%), Israël (8,1%), Koeweit (7,5%), Turkije (4,4%) en Libanon (-2,6%).

de jaren 1980

De diensten van Zuidwest-Azië bedroegen in de jaren 1980 US$109,3 miljard per jaar. Het aandeel in de wereld was 2,0%, en 11,0% in Azië.

Het aandeel van de diensten in de economie van Zuidwest-Azië was 28,8% in de jaren 1980, en was vergelijkbaar met Venezuela (28,7%), Benin (28,7%), Samoa (29,0%).

De sector van de diensten per hoofd in Zuidwest-Azië was $961,8 in de jaren 1980s. De sector van de diensten per hoofd in Zuidwest-Azië was 13,8% lager dan de diensten per hoofd van de bevolking in de wereld ($1.115,5), en was in 2,7 keer hoger dan de diensten per hoofd van de bevolking in Azië ($1.115,5).

De groei van de diensten in Zuidwest-Azië bedroeg 3.1% in de jaren 1980, en was vergelijkbaar met Djibouti (3,1%). De groei van de diensten in Zuidwest-Azië (3,1%) was minder dan de groei van de diensten in de wereld (3,3%), was minder dan de groei van de diensten in Azië (5,3%).

Vergelijking met subregio's. De sector van de diensten in Zuidwest-Azië was groter dan in Zuid-Azië (US$99,5 miljard) en in

Zuidoost-Azië (US$50,9 miljard); maar minder dan in Oost-Azië (US$737,5 miljard). De diensten per hoofd in Zuidwest-Azië waren in Zuidwest-Azië groter dan in Oost-Azië (US$577,2), in Zuidoost-Azië (US$128,3) en in Zuid-Azië (US$94,8). De groei van de diensten in Zuidwest-Azië was groter dan in Zuid-Azië (1,2%); maar minder dan in Zuidoost-Azië (6,5%) en in Oost-Azië (6,3%).

Leiders. De waarde van de diensten in Zuidwest-Azië in de jaren 1980 bestond uit: Saoedi-Arabië (37,4%), Turkije (17,8%), Israël (13,1%), Verenigde Arabische Emiraten (6,4%), Koeweit (6,1%), en andere (19,2%). Het aandeel van de diensten in economie van de leiders: Israël (45,0%), Saoedi-Arabië (33,6%), Koeweit (29,4%), Turkije (21,0%) en Verenigde Arabische Emiraten (17,3%). De toegevoegde waarde van de diensten per hoofd in Zuidwest-Azië onder de leiders: Verenigde Arabische Emiraten ($5.220,5), Koeweit ($3.855,6), Israël ($3.562,8), Saoedi-Arabië ($3.212,3) en Turkije ($401,7). De groei van de diensten onder de leiders: Verenigde Arabische Emiraten (8,7%), Koeweit (5,2%), Israël (3,0%), Turkije (2,6%) en Saoedi-Arabië (2,2%).

de jaren 1990

De sector van de diensten in Zuidwest-Azië bedroeg in de jaren 1990 US$191,4 miljard per jaar. Het aandeel in de wereld was 1,7%, en 7,5% in Azië.

Het aandeel van de diensten in de economie van Zuidwest-Azië was 30,7% in de jaren 1990, en was vergelijkbaar met Nicaragua (30,8%), Kameroen (31,0%), Mauritius (30,4%).

De sector van de diensten per hoofd in Zuidwest-Azië was $1.163,8 in de jaren 1990s, en was vergelijkbaar met Slowakije (US$1.163,6), de Caraïben (US$1.152,6), Zuid-Afrika (US$1.182,3). De sector van de diensten per hoofd in Zuidwest-Azië was 42,2% lager dan de diensten per hoofd van de bevolking in de wereld ($2.014,6), en was 58,8% hoger dan de diensten per hoofd van de bevolking in Azië ($2.014,6).

De groei van de diensten in Zuidwest-Azië bedroeg 3.8% in de jaren 1990. De groei van de diensten in Zuidwest-Azië (3,8%) was groter dan de groei van de diensten in de wereld (2,7%), was minder dan de groei van de diensten in Azië (4,5%).

Vergelijking met subregio's. De toegevoegde waarde van de diensten in Zuidwest-Azië was groter dan in Zuid-Azië (US$141,2 miljard), in Zuidoost-Azië (US$139,8 miljard) en in Centraal-Azië (US$11,0 miljard); maar minder dan in Oost-Azië (US$2,1 biljoen). De sector van de diensten per hoofd in Zuidwest-Azië was in Zuidwest-Azië groter dan in Zuidoost-Azië (US$290,4), in Centraal-Azië (US$208,7) en in Zuid-Azië (US$107,8); maar minder dan in Oost-Azië (US$1.411,7). De groei van de diensten in Zuidwest-Azië was groter dan in Centraal-Azië (-4,1%); maar minder dan in Zuid-Azië (6,1%), in Zuidoost-Azië (5,0%) en in Oost-Azië (4,3%).

Leiders. De diensten van Zuidwest-Azië in de jaren 1990 bestonden uit: Saoedi-Arabië (25,7%), Turkije (25,6%), Israël (21,1%), Verenigde Arabische Emiraten (7,4%), Koeweit (4,8%), en andere (15,5%). Het aandeel van de diensten in economie van de leiders: Israël (49,5%), Koeweit (37,0%), Saoedi-Arabië (34,3%), Turkije (23,1%) en Verenigde Arabische Emiraten (21,9%). De sector van de diensten per hoofd in Zuidwest-Azië onder de leiders: Israël ($7.822,9), Verenigde Arabische Emiraten ($5.941,2), Koeweit ($5.032,0), Saoedi-Arabië ($2.686,2) en Turkije ($844,0). De groei van de diensten onder de leiders: Verenigde Arabische Emiraten (6,1%), Israël (5,9%), Koeweit (4,3%), Turkije (2,6%) en Saoedi-Arabië (2,0%).

de jaren 2000

De toegevoegde waarde van de diensten in Zuidwest-Azië bedroeg in de jaren 2000 US$423,3 miljard per jaar. Het aandeel in de wereld was 2,2%, en 10,0% in Azië.

Het aandeel van de diensten in de economie van Zuidwest-Azië was 30,0% in de jaren 2000, en was vergelijkbaar met de Comoren (30,2%).

De sector van de diensten per hoofd in Zuidwest-Azië was $2.074,9 in de jaren 2000s, en was vergelijkbaar met Brazilië (US$2,1 duizend), de Caraïben (US$2,0 duizend), Oost-Azië (US$2,0 duizend). De waarde van de diensten per hoofd in Zuidwest-Azië was 31,1% lager dan de diensten per hoofd van de bevolking in de wereld ($3.011,2), en was 93,6% hoger dan de diensten per hoofd van de bevolking in Azië ($3.011,2).

De groei van de diensten in Zuidwest-Azië bedroeg 5% in de jaren 2000, en was vergelijkbaar met Kameroen (5,0%), Venezuela (5,0%), Oekraïne (5,0%). De groei van de diensten in Zuidwest-Azië (5,0%) was groter dan de groei van de diensten in de wereld (2,9%), was minder dan de groei van de diensten in Azië (5,5%).

Vergelijking met subregio's. De toegevoegde waarde van de diensten in Zuidwest-Azië was groter dan in Zuid-Azië (US$354,0 miljard), in Zuidoost-Azië (US$243,4 miljard) en in Centraal-Azië (US$25,3 miljard); maar minder dan in Oost-Azië (US$3,2 biljoen). De toegevoegde waarde van de diensten per hoofd in Zuidwest-Azië was in Zuidwest-Azië groter dan in Oost-Azië (US$2,0 duizend), in Zuidoost-Azië (US$436,6), in Centraal-Azië (US$434,4) en in Zuid-Azië (US$224,8). De groei van de diensten in Zuidwest-Azië was minder dan in Centraal-Azië (7,3%), in Zuid-Azië (6,1%), in Oost-Azië (5,4%) en in Zuidoost-Azië (5,3%).

Leiders. De sector van de diensten in Zuidwest-Azië in de jaren 2000 bestond uit: Turkije (30,4%), Saoedi-Arabië (19,4%), Israël (16,5%), Verenigde Arabische Emiraten (9,6%), Koeweit (5,7%), en andere (18,4%). Het aandeel van de diensten in economie van de leiders: Israël (50,6%), Turkije (31,6%), Koeweit (30,4%), Saoedi-Arabië (26,3%) en Verenigde Arabische Emiraten (22,3%). De toegevoegde waarde van de diensten per hoofd in Zuidwest-Azië onder de leiders: Israël ($10.738,1), Koeweit ($10.447,4), Verenigde Arabische Emiraten ($8.330,1), Saoedi-Arabië ($3.486,8) en Turkije ($1.908,5). De groei van de diensten onder de leiders: Verenigde Arabische Emiraten (7,2%), Koeweit (5,6%), Saoedi-Arabië (4,4%), Turkije (3,6%) en Israël (2,9%).

de jaren 2010

De sector van de diensten in Zuidwest-Azië bedroeg in de jaren 2010 US$971,0 miljard per jaar, en was vergelijkbaar met Zuid-Azië (US$981,2 miljard). Het aandeel in de wereld was 3,0%, en 10,3% in Azië.

Het aandeel van de diensten in de economie van Zuidwest-Azië was 32,4% in de jaren 2010, en was vergelijkbaar met de Filipijnen (32,4%), Koeweit (32,4%), Panama (32,6%).

De waarde van de diensten per hoofd in Zuidwest-Azië was $3.817,0 in de jaren 2010s, en was vergelijkbaar met Mauritius (US$3,9 duizend). De toegevoegde waarde van de diensten per hoofd in Zuidwest-Azië was 14,6% lager dan de diensten per hoofd van de bevolking in de wereld ($4.467,8), en was 78,6% hoger dan de diensten per hoofd van de bevolking in Azië ($4.467,8).

De groei van de diensten in Zuidwest-Azië bedroeg 4% in de jaren 2010, en was vergelijkbaar met Egypte (4,0%), Eritrea (4,0%). De groei van de diensten in Zuidwest-Azië (4,0%) was groter dan de groei van de diensten in de wereld (2,7%), was minder dan de groei van de diensten in Azië (5,4%).

Vergelijking met subregio's. De waarde van de diensten in Zuidwest-Azië was 52,9% groter dan in Zuidoost-Azië (US$635,2 miljard) en 13,1 keer groter dan in Centraal-Azië (US$73,9 miljard); maar 7,0 keer minder dan in Oost-Azië (US$6,8 biljoen) en 1,0% minder dan in Zuid-Azië (US$981,2 miljard). De toegevoegde waarde van de diensten per hoofd in Zuidwest-Azië was in Zuidwest-Azië3,5 keer groter dan in Centraal-Azië (US$1.087,7), 3,8 keer groter dan in Zuidoost-Azië (US$1.008,0) en 7,1 keer groter dan in Zuid-Azië (US$540,2); maar 7,4% minder dan in Oost-Azië (US$4,1 duizend). De groei van de diensten in Zuidwest-Azië was minder dan in Zuid-Azië (6,8%), in Zuidoost-Azië (5,5%), in Oost-Azië (5,4%) en in Centraal-Azië (5,1%).

Leiders. De sector van de diensten in Zuidwest-Azië in de jaren 2010 bestond uit: Turkije (25,5%), Saoedi-Arabië (21,2%), Israël (15,0%), Verenigde Arabische Emiraten (10,6%), Irak (5,3%), en andere (22,4%). Het aandeel van de diensten in economie van de leiders: Israël (52,6%), Turkije (32,8%), Saoedi-Arabië (29,3%), Verenigde Arabische Emiraten (27,5%) en Irak (25,8%). De sector van de diensten per hoofd in Zuidwest-Azië onder de leiders: Israël ($18.426,6), Verenigde Arabische Emiraten ($11.128,5), Saoedi-Arabië ($6.603,3), Turkije ($3.178,7) en Irak ($1.472,1). De groei van de diensten onder de leiders: Turkije (5,1%), Verenigde Arabische Emiraten (4,3%), Saoedi-Arabië (3,9%), Israël (3,4%) en Irak (0,96%).

Part III. Externe betrekkingen

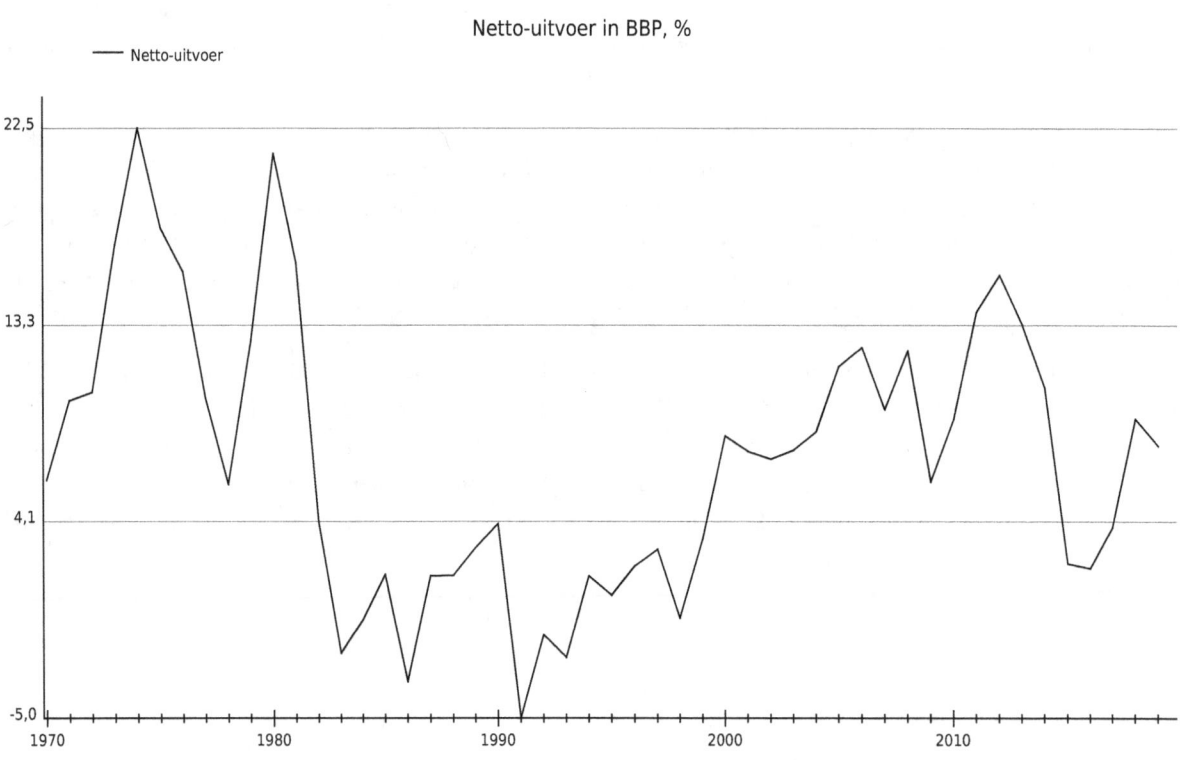

Hoofdstuk X. Uitvoer

Uitvoer van goederen en diensten

De waarde van de export in Zuidwest-Azië steeg van US$61,3 miljard per jaar in de jaren 1970 tot US$1,4 biljoen per jaar in de jaren 2010, dat wil zeggen met US$1,4 biljoen of 23,3 keer. De verandering vond plaats op US$1,2 biljoen als gevolg van een 5,9-voudige stijging van de prijzen, en ook op US$58,0 miljard als gevolg van een 1,3-voudige toename van het tarief per hoofd , evenals op US$123,4 miljard als gevolg van de toename van de bevolking. De gemiddelde jaarlijkse groei van de export is 4,3%. De minimumwaarde van de export bedroeg US$11,8 miljard in 1970. De maximumwaarde van de export bedroeg US$1,7 biljoen in 2013.

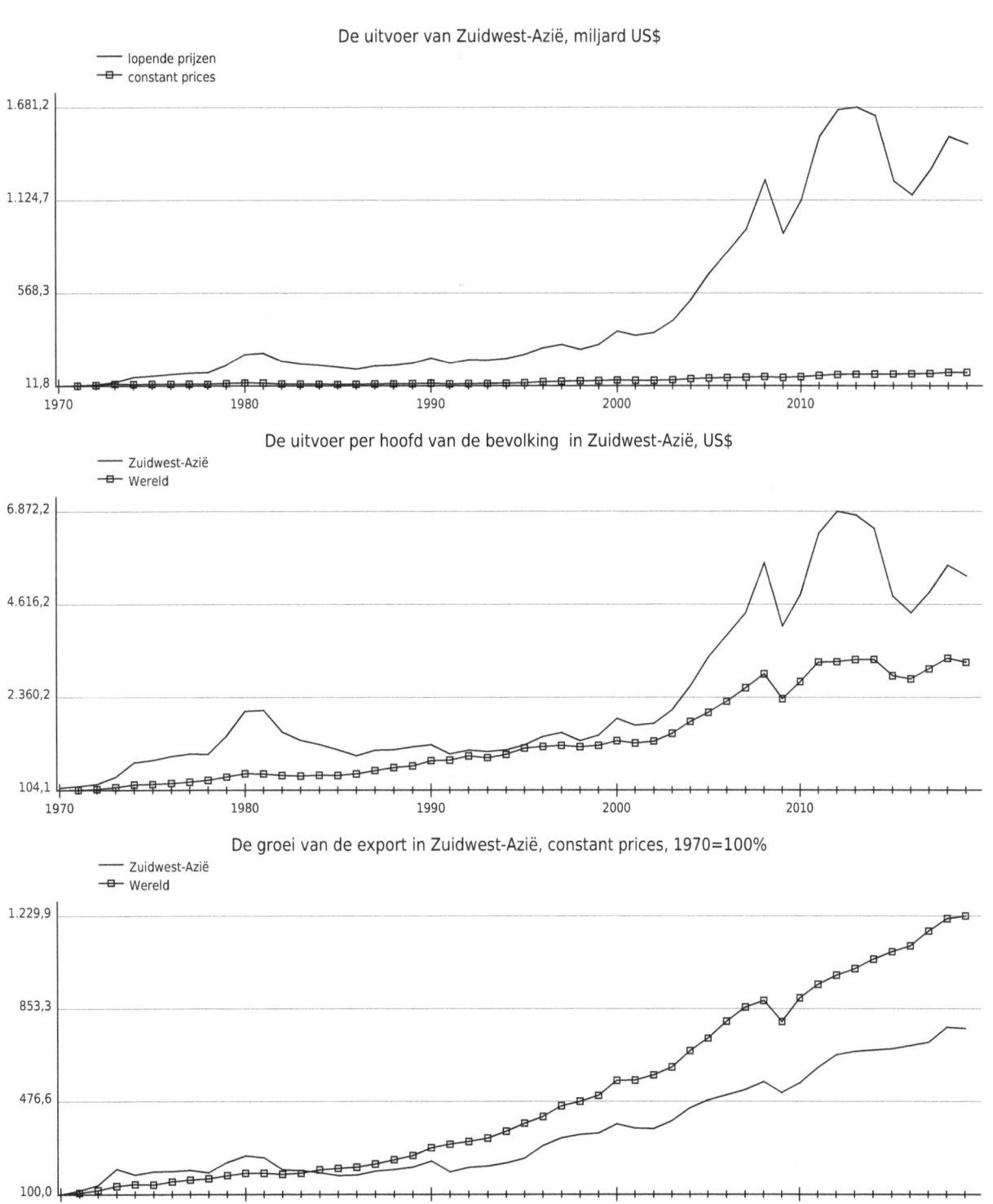

De uitvoer van Zuidwest-Azië, miljard US$

De uitvoer per hoofd van de bevolking in Zuidwest-Azië, US$

De groei van de export in Zuidwest-Azië, constant prices, 1970=100%

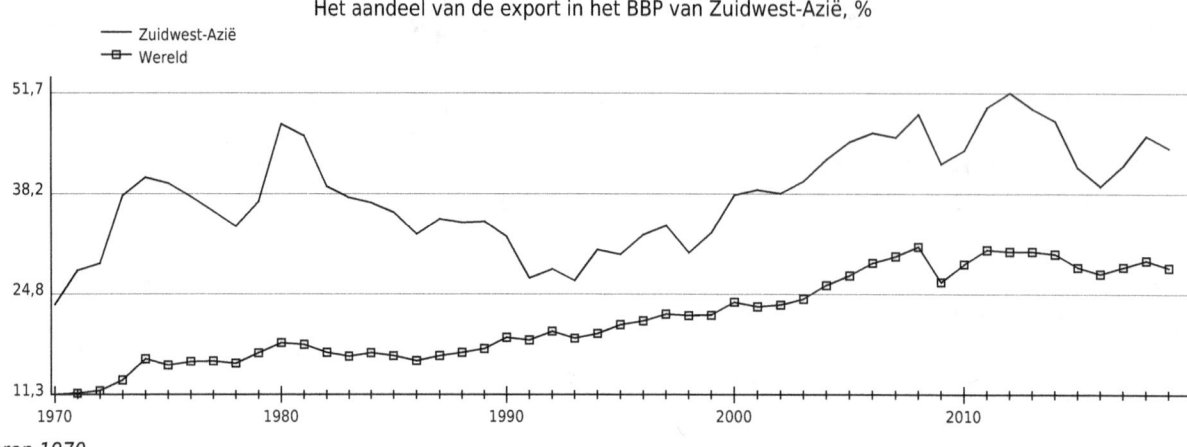

Het aandeel van de export in het BBP van Zuidwest-Azië, %

de jaren 1970

De waarde van de export in Zuidwest-Azië bedroeg in de jaren 1970 US$61,3 miljard per jaar, en was vergelijkbaar met het Verenigd Koninkrijk (US$61,3 miljard). Het aandeel in de wereld was 6,3%, en 29,1% in Azië.

Het aandeel van de export in het BBP van Zuidwest-Azië was 36,1% in de jaren 1970, en was vergelijkbaar met Kaapverdië (36,4%).

De uitvoer per hoofd in Zuidwest-Azië was $726,2 in de jaren 1970s, en was vergelijkbaar met de Britse Maagdeneilanden (US$742,1). De waarde van de export per hoofd in Zuidwest-Azië was in 3,0 keer hoger dan de export per hoofd van de bevolking in de wereld ($242,1), en was in 8,0 keer hoger dan de export per hoofd van de bevolking in Azië ($242,1).

De groei van de export in Zuidwest-Azië bedroeg 9.6% in de jaren 1970, en was vergelijkbaar met Zuidoost-Azië (9,6%). De groei van de export in Zuidwest-Azië (9,6%) was groter dan de groei van de export in de wereld (6,5%), was groter dan de groei van de export in Azië (7,9%).

Vergelijking met subregio's. De waarde van de export in Zuidwest-Azië was groter dan in Zuidoost-Azië (US$29,2 miljard) en in Zuid-Azië (US$23,9 miljard); maar minder dan in Oost-Azië (US$96,5 miljard). De waarde van de export per hoofd in Zuidwest-Azië was in Zuidwest-Azië groter dan in Zuidoost-Azië (US$92,4), in Oost-Azië (US$88,1) en in Zuid-Azië (US$28,9). De groei van de export in Zuidwest-Azië was groter dan in Zuidoost-Azië (9,6%) en in Zuid-Azië (-1,3%); maar minder dan in Oost-Azië (10,2%).

Leiders. De uitvoer van Zuidwest-Azië in de jaren 1970 bestond uit: Saoedi-Arabië (44,4%), Koeweit (13,5%), Irak (10,7%), Verenigde Arabische Emiraten (10,6%), Israël (6,2%), en andere (14,6%). Het aandeel van de export in BBP van de leiders: Irak (89,1%), Koeweit (75,7%), Saoedi-Arabië (59,2%), Verenigde Arabische Emiraten (47,9%) en Israël (29,0%). De waarde van de export per hoofd in Zuidwest-Azië onder de leiders: Verenigde Arabische Emiraten ($12.078,1), Koeweit ($8.225,0), Saoedi-Arabië ($3.712,0), Israël ($1.166,0) en Irak ($569,7). De groei van de export onder de leiders: Irak (15,2%), Saoedi-Arabië (13,0%), Verenigde Arabische Emiraten (11,1%), Israël (9,2%) en Koeweit (-0,90%).

de jaren 1980

De uitvoer van Zuidwest-Azië bedroeg in de jaren 1980 US$149,6 miljard per jaar. Het aandeel in de wereld was 5,8%, en 23,0% in Azië.

Het aandeel van de export in het BBP van Zuidwest-Azië was 38,3% in de jaren 1980, en was vergelijkbaar met Oman (38,0%), Noorwegen (37,9%).

De waarde van de export per hoofd in Zuidwest-Azië was $1.316,5 in de jaren 1980s. De waarde van de export per hoofd in Zuidwest-Azië was in 2,5 keer hoger dan de export per hoofd van de bevolking in de wereld ($529,9), en was in 5,7 keer hoger dan de export per hoofd van de bevolking in Azië ($529,9).

De groei van de export in Zuidwest-Azië bedroeg -0.9% in de jaren 1980, en was vergelijkbaar met Afrika (-0,87%). De groei van de export in Zuidwest-Azië (-0,88%) was minder dan de groei van de export in de wereld (3,8%), was minder dan de groei van de export in Azië (4,1%).

Vergelijking met subregio's. De uitvoer van Zuidwest-Azië was groter dan in Zuidoost-Azië (US$100,5 miljard) en in Zuid-Azië (US$33,9 miljard); maar minder dan in Oost-Azië (US$365,8 miljard). De waarde van de export per hoofd in Zuidwest-Azië was in Zuidwest-Azië groter dan in Oost-Azië (US$286,3), in Zuidoost-Azië (US$253,4) en in Zuid-Azië (US$32,3). De groei van de export in Zuidwest-Azië was minder dan in Oost-Azië (9,6%), in Zuidoost-Azië (6,9%) en in Zuid-Azië (0,49%).

Leiders. De uitvoer van Zuidwest-Azië in de jaren 1980 bestond uit: Saoedi-Arabië (35,4%), Irak (17,3%), Verenigde Arabische Emiraten (11,1%), Koeweit (8,8%), Turkije (8,2%), en andere (19,2%). Het aandeel van de export in BBP van de leiders: Irak (138,2%), Koeweit (58,3%), Saoedi-Arabië (43,7%), Verenigde Arabische Emiraten (39,7%) en Turkije (11,8%). De uitvoer per hoofd in Zuidwest-Azië onder de leiders: Verenigde Arabische Emiraten ($12.310,9), Koeweit ($7.632,3), Saoedi-Arabië ($4.162,6), Irak ($1.689,5) en Turkije ($252,2). De groei van de export onder de leiders: Turkije (15,2%), Irak (2,7%), Verenigde Arabische Emiraten (-1,4%), Koeweit (-4,1%) en Saoedi-Arabië (-5,5%).

de jaren 1990

De waarde van de export in Zuidwest-Azië bedroeg in de jaren 1990 US$202,1 miljard per jaar, en was vergelijkbaar met Canada (US$205,3 miljard). Het aandeel in de wereld was 3,4%, en 12,8% in Azië.

Het aandeel van de export in het BBP van Zuidwest-Azië was 30,7% in de jaren 1990, en was vergelijkbaar met Montenegro (30,5%), Armenië (30,9%).

De uitvoer per hoofd in Zuidwest-Azië was $1.228,5 in de jaren 1990s, en was vergelijkbaar met Grenada (US$1.252,3), Chili (US$1.201,8). De uitvoer per hoofd in Zuidwest-Azië was 19,3% hoger dan de export per hoofd van de bevolking in de wereld ($1.029,5), en was in 2,7 keer hoger dan de export per hoofd van de bevolking in Azië ($1.029,5).

De groei van de export in Zuidwest-Azië bedroeg 5.2% in de jaren 1990, en was vergelijkbaar met Cyprus (5,3%), Congo-Brazzaville (5,3%), Oostenrijk (5,3%). De groei van de export in Zuidwest-Azië (5,2%) was minder dan de groei van de export in de wereld (6,9%), was minder dan de groei van de export in Azië (8,1%).

Vergelijking met subregio's. De waarde van de export in Zuidwest-Azië was groter dan in Zuid-Azië (US$75,6 miljard) en in Centraal-Azië (US$16,9 miljard); maar minder dan in Oost-Azië (US$952,3 miljard) en in Zuidoost-Azië (US$335,4 miljard). De waarde van de export per hoofd in Zuidwest-Azië was in Zuidwest-Azië groter dan in Zuidoost-Azië (US$696,7), in Oost-Azië (US$654,0), in Centraal-Azië (US$320,5) en in Zuid-Azië (US$57,7). De groei van de export in Zuidwest-Azië was groter dan in Centraal-Azië (-5,9%); maar minder dan in Zuidoost-Azië (9,8%), in Oost-Azië (9,1%) en in Zuid-Azië (6,8%).

Leiders. De waarde van de export in Zuidwest-Azië in de jaren 1990 bestond uit: Saoedi-Arabië (25,9%), Turkije (18,9%), Verenigde Arabische Emiraten (15,7%), Israël (12,9%), Koeweit (5,7%), en andere (21,0%). Het aandeel van de export in BBP van de leiders: Verenigde Arabische Emiraten (48,1%), Koeweit (47,1%), Saoedi-Arabië (36,7%), Israël (28,3%) en Turkije (16,3%). De waarde van de export per hoofd in Zuidwest-Azië onder de leiders: Verenigde Arabische Emiraten ($13.354,8), Koeweit ($6.276,5), Israël ($5.043,4), Saoedi-Arabië ($2.860,2) en Turkije ($656,3). De groei van de export onder de leiders: Verenigde Arabische Emiraten (8,8%), Turkije (8,7%), Israël (8,1%), Saoedi-Arabië (3,8%) en Koeweit (0,99%).

de jaren 2000

De waarde van de export in Zuidwest-Azië bedroeg in de jaren 2000 US$653,2 miljard per jaar, en was vergelijkbaar met Oost-Europa (US$654,9 miljard). Het aandeel in de wereld was 5,2%, en 16,3% in Azië.

Het aandeel van de export in het BBP van Zuidwest-Azië was 43,9% in de jaren 2000, en was vergelijkbaar met Anguilla (44,3%).

De uitvoer per hoofd in Zuidwest-Azië was $3.201,5 in de jaren 2000s, en was vergelijkbaar met Letland (US$3,2 duizend), de Maldiven (US$3,3 duizend). De waarde van de export per hoofd in Zuidwest-Azië was 65,6% hoger dan de export per hoofd van de bevolking in de wereld ($1.933,7), en was in 3,2 keer hoger dan de export per hoofd van de bevolking in Azië ($1.933,7).

De groei van de export in Zuidwest-Azië bedroeg 3.9% in de jaren 2000, en was vergelijkbaar met Argentinië (3,9%). De groei van de export in Zuidwest-Azië (3,9%) was minder dan de groei van de export in de wereld (4,8%), was minder dan de groei van de export in Azië (7,5%).

Vergelijking met subregio's. De waarde van de export in Zuidwest-Azië was groter dan in Zuid-Azië (US$259,8 miljard) en in Centraal-Azië (US$50,0 miljard); maar minder dan in Oost-Azië (US$2,3 biljoen) en in Zuidoost-Azië (US$767,6 miljard). De waarde van de export per hoofd in Zuidwest-Azië was in Zuidwest-Azië groter dan in Oost-Azië (US$1.455,3), in Zuidoost-Azië (US$1.376,7), in Centraal-Azië (US$858,1) en in Zuid-Azië (US$165,0). De groei van de export in Zuidwest-Azië was minder dan in Zuid-Azië (9,2%), in Oost-Azië (8,9%), in Centraal-Azië (7,7%) en in Zuidoost-Azië (6,7%).

Leiders. De waarde van de export in Zuidwest-Azië in de jaren 2000 bestond uit: Saoedi-Arabië (25,3%), Verenigde Arabische Emiraten (18,9%), Turkije (16,2%), Israël (8,7%), Koeweit (7,2%), en andere (23,8%). Het aandeel van de export in BBP van de leiders: Verenigde Arabische Emiraten (67,0%), Koeweit (60,8%), Saoedi-Arabië (53,1%), Israël (36,9%) en Turkije (22,9%). De waarde van de export per hoofd in Zuidwest-Azië onder de leiders: Verenigde Arabische Emiraten ($25.317,9), Koeweit ($20.080,0), Israël ($8.755,0), Saoedi-Arabië ($7.016,6) en Turkije ($1.568,5). De groei van de export onder de leiders: Verenigde Arabische Emiraten (9,4%), Turkije (7,2%), Koeweit (6,0%), Israël (4,3%) en Saoedi-Arabië (1,5%).

de jaren 2010

De waarde van de export in Zuidwest-Azië bedroeg in de jaren 2010 US$1,4 biljoen per jaar. Het aandeel in de wereld was 6,3%, en 16,5% in Azië.

Het aandeel van de export in het BBP van Zuidwest-Azië was 45,8% in de jaren 2010, en was vergelijkbaar met Duitsland (46,0%), Tunesië (45,6%), Zuid-Korea (45,4%).

De uitvoer per hoofd in Zuidwest-Azië was $5.612,6 in de jaren 2010s. De waarde van de export per hoofd in Zuidwest-Azië was 81,1% hoger dan de export per hoofd van de bevolking in de wereld ($3.098,9), en was in 2,9 keer hoger dan de export per hoofd van de bevolking in Azië ($3.098,9).

De groei van de export in Zuidwest-Azië bedroeg 4.2% in de jaren 2010, en was vergelijkbaar met Thailand (4,2%), Zuid-Azië (4,2%). De groei van de export in Zuidwest-Azië (4,2%) was minder dan de groei van de export in de wereld (4,4%), was minder dan de groei van de export in Azië (5,3%).

Vergelijking met subregio's. De uitvoer van Zuidwest-Azië was 2,2 keer groter dan in Zuid-Azië (US$663,8 miljard) en 12,3 keer groter dan in Centraal-Azië (US$116,3 miljard); maar 3,4 keer minder dan in Oost-Azië (US$4,8 biljoen) en 11,2% minder dan in Zuidoost-Azië (US$1,6 biljoen). De uitvoer per hoofd in Zuidwest-Azië was in Zuidwest-Azië90,0% groter dan in Oost-Azië (US$3,0 duizend), 2,2 keer groter dan in Zuidoost-Azië (US$2,6 duizend), 3,3 keer groter dan in Centraal-Azië (US$1.711,9) en 15,4 keer groter dan in Zuid-Azië (US$365,5). De groei van de export in Zuidwest-Azië was groter dan in Centraal-Azië (3,9%); maar minder dan in Zuidoost-Azië (5,8%), in Oost-Azië (5,6%) en in Zuid-Azië (4,2%).

Leiders. De waarde van de export in Zuidwest-Azië in de jaren 2010 bestond uit: Verenigde Arabische Emiraten (25,3%), Saoedi-Arabië (21,2%), Turkije (15,2%), Qatar (7,5%), Israël (6,8%), en andere (23,9%). Het aandeel van de export in BBP van de leiders: Verenigde Arabische Emiraten (96,2%), Qatar (61,6%), Saoedi-Arabië (43,3%), Israël (31,6%) en Turkije (25,4%). De waarde van de export per hoofd in Zuidwest-Azië onder de leiders: Qatar ($43.854,1), Verenigde Arabische Emiraten ($39.016,6), Israël ($12.327,7), Saoedi-Arabië ($9.752,7) en Turkije ($2.780,2). De groei van de export onder de leiders: Turkije (6,8%), Verenigde Arabische Emiraten (6,0%), Qatar (5,8%), Israël (3,9%) en Saoedi-Arabië (2,2%).

Hoofdstuk XI. Invoer

Invoer van goederen en diensten

De invoer van Zuidwest-Azië steeg van US$39,5 miljard per jaar in de jaren 1970 tot US$1,2 biljoen per jaar in de jaren 2010, dat wil zeggen met US$1,1 biljoen of 29,2 keer. De verandering vond plaats op US$803,2 miljard als gevolg van een 3,3-voudige stijging van de prijzen, en ook op US$231,2 miljard als gevolg van een 2,9-voudige toename van het tarief per hoofd , evenals op US$79,6 miljard als gevolg van de toename van de bevolking. De gemiddelde jaarlijkse groei van de invoer is 6,0%. De minimumwaarde van de invoer bedroeg US$8,7 miljard in 1970. De maximumwaarde van de invoer bedroeg US$1,3 biljoen in 2014.

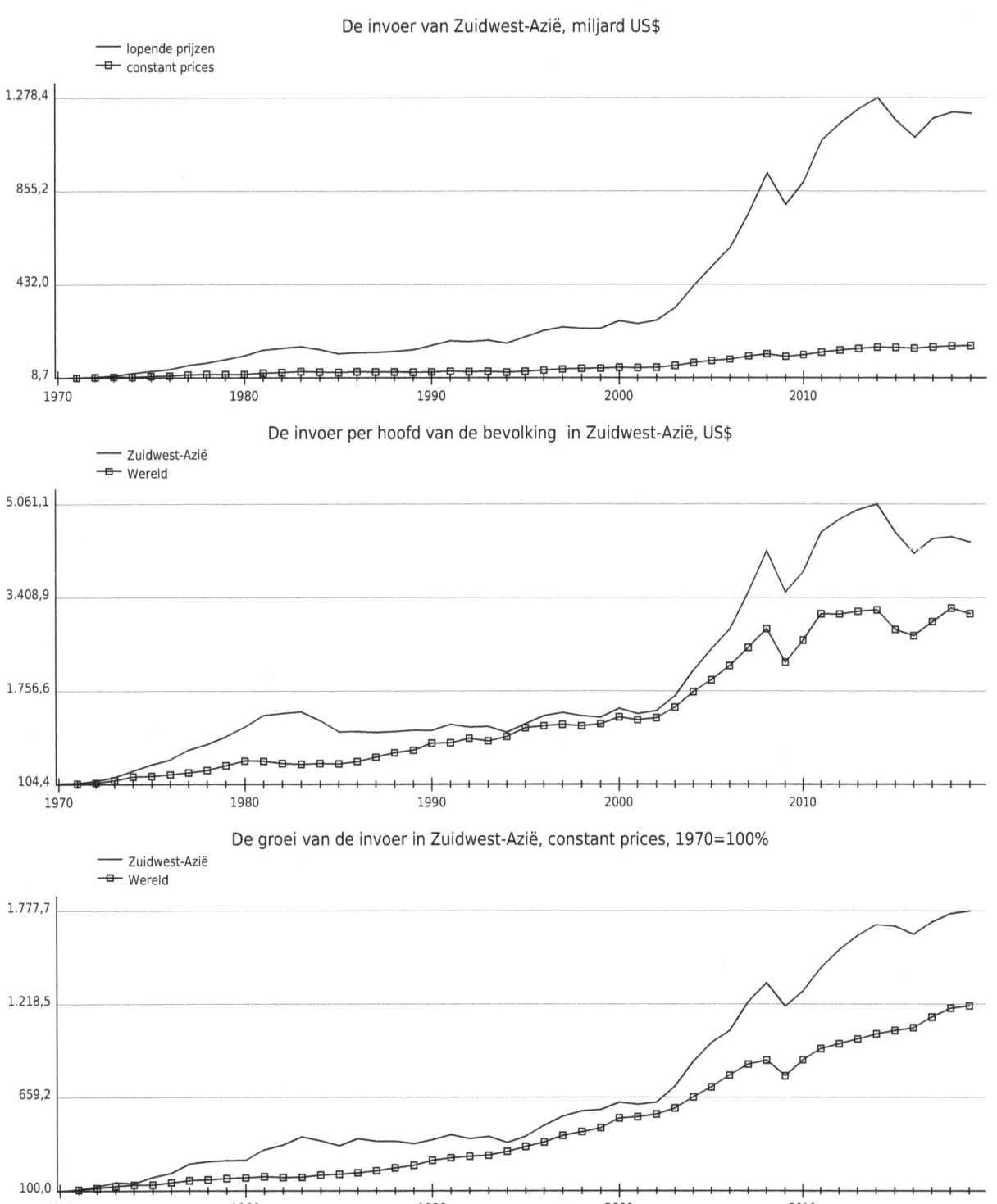

De invoer van Zuidwest-Azië, miljard US$

De invoer per hoofd van de bevolking in Zuidwest-Azië, US$

De groei van de invoer in Zuidwest-Azië, constant prices, 1970=100%

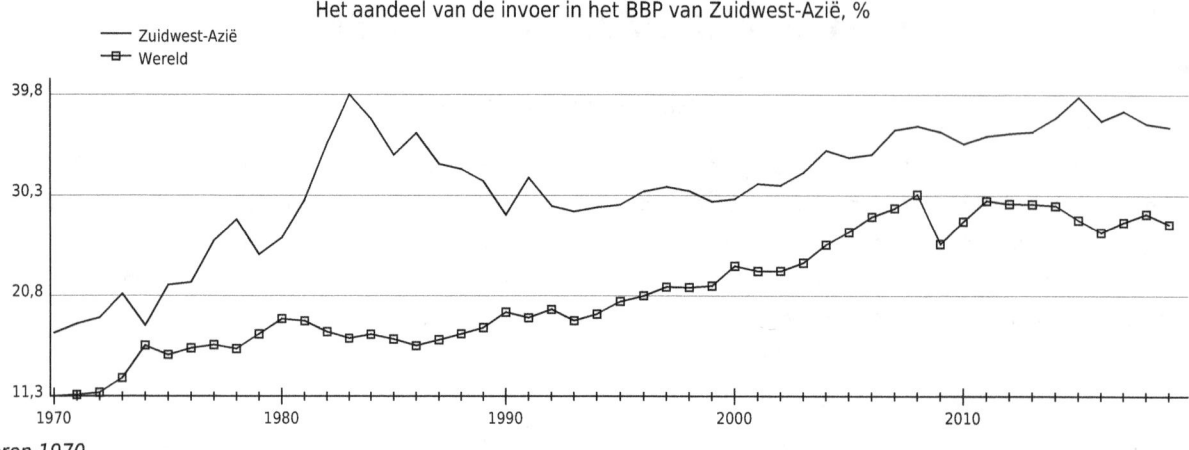

Het aandeel van de invoer in het BBP van Zuidwest-Azië, %

de jaren 1970

De waarde van de invoer in Zuidwest-Azië bedroeg in de jaren 1970 US$39,5 miljard per jaar. Het aandeel in de wereld was 4,0%, en 21,4% in Azië.

Het aandeel van de invoer in het BBP van Zuidwest-Azië was 23,3% in de jaren 1970, en was vergelijkbaar met Oost-Afrika (23,2%), Thailand (23,1%).

De invoer per hoofd in Zuidwest-Azië was $468,1 in de jaren 1970s, en was vergelijkbaar met Fiji (US$477,0), Congo (US$478,2), Spanje (US$457,1). De waarde van de invoer per hoofd in Zuidwest-Azië was 91,6% hoger dan de invoer per hoofd van de bevolking in de wereld ($244,3), en was in 5,9 keer hoger dan de invoer per hoofd van de bevolking in Azië ($244,3).

De groei van de invoer in Zuidwest-Azië bedroeg 12.1% in de jaren 1970, en was vergelijkbaar met Maleisië (12,0%), Iran (12,1%), de Salomonseilanden (12,1%). De groei van de invoer in Zuidwest-Azië (12,1%) was groter dan de groei van de invoer in de wereld (6,3%), was groter dan de groei van de invoer in Azië (9,6%).

Vergelijking met subregio's. De invoer van Zuidwest-Azië was groter dan in Zuidoost-Azië (US$28,8 miljard) en in Zuid-Azië (US$22,3 miljard); maar minder dan in Oost-Azië (US$94,2 miljard). De waarde van de invoer per hoofd in Zuidwest-Azië was in Zuidwest-Azië groter dan in Zuidoost-Azië (US$91,2), in Oost-Azië (US$86,0) en in Zuid-Azië (US$27,0). De groei van de invoer in Zuidwest-Azië was groter dan in Zuidoost-Azië (9,8%), in Oost-Azië (8,9%) en in Zuid-Azië (8,2%).

Leiders. De invoer van Zuidwest-Azië in de jaren 1970 bestond uit: Saoedi-Arabië (34,1%), Israël (14,8%), Turkije (9,7%), Koeweit (8,1%), Verenigde Arabische Emiraten (7,4%), en andere (25,9%). Het aandeel van de invoer in BBP van de leiders: Israël (44,9%), Koeweit (29,5%), Saoedi-Arabië (29,3%), Verenigde Arabische Emiraten (21,4%) en Turkije (6,3%). De waarde van de invoer per hoofd in Zuidwest-Azië onder de leiders: Verenigde Arabische Emiraten ($5.395,4), Koeweit ($3.205,8), Saoedi-Arabië ($1.839,8), Israël ($1.802,2) en Turkije ($98,7). De groei van de invoer onder de leiders: Koeweit (18,4%), Saoedi-Arabië (17,9%), Verenigde Arabische Emiraten (14,0%), Israël (5,6%) en Turkije (3,1%).

de jaren 1980

De invoer van Zuidwest-Azië bedroeg in de jaren 1980 US$130,7 miljard per jaar. Het aandeel in de wereld was 5,0%, en 21,7% in Azië.

Het aandeel van de invoer in het BBP van Zuidwest-Azië was 33,4% in de jaren 1980, en was vergelijkbaar met Oostenrijk (33,6%), Haïti (33,2%), Portugal (33,7%).

De invoer per hoofd in Zuidwest-Azië was $1.150,0 in de jaren 1980s, en was vergelijkbaar met Micronesië (US$1.154,3), de Marshalleilanden (US$1.171,2). De invoer per hoofd in Zuidwest-Azië was in 2,1 keer hoger dan de invoer per hoofd van de bevolking in de wereld ($539,1), en was in 5,4 keer hoger dan de invoer per hoofd van de bevolking in Azië ($539,1).

De groei van de invoer in Zuidwest-Azië bedroeg 3.2% in de jaren 1980, en was vergelijkbaar met Palau (3,2%). De groei van de invoer in Zuidwest-Azië (3,2%) was minder dan de groei van de invoer in de wereld (3,8%), was minder dan de groei van de invoer in Azië (4,9%).

Vergelijking met subregio's. De waarde van de invoer in Zuidwest-Azië was groter dan in Zuidoost-Azië (US$96,3 miljard) en in Zuid-Azië (US$52,0 miljard); maar minder dan in Oost-Azië (US$322,2 miljard). De waarde van de invoer per hoofd in Zuidwest-Azië was in Zuidwest-Azië groter dan in Oost-Azië (US$252,2), in Zuidoost-Azië (US$242,9) en in Zuid-Azië (US$49,6). De groei van de invoer in Zuidwest-Azië was groter dan in Zuid-Azië (-0,073%); maar minder dan in Zuidoost-Azië (7,1%) en in Oost-Azië (6,9%).

Leiders. De waarde van de invoer in Zuidwest-Azië in de jaren 1980 bestond uit: Saoedi-Arabië (34,0%), Irak (14,5%), Israël (10,4%), Turkije (9,2%), Verenigde Arabische Emiraten (7,3%), en andere (24,6%). Het aandeel van de invoer in BBP van de leiders: Irak (101,2%), Israël (40,1%), Saoedi-Arabië (36,7%), Verenigde Arabische Emiraten (22,9%) en Turkije (11,5%). De waarde van de invoer per hoofd in Zuidwest-Azië onder de leiders: Verenigde Arabische Emiraten ($7.099,0), Saoedi-Arabië ($3.492,2), Israël ($3.394,9), Irak ($1.237,0) en Turkije ($246,8). De groei van de invoer onder de leiders: Irak (14,5%), Turkije (12,6%), Israël (3,1%), Verenigde Arabische Emiraten (1,5%) en Saoedi-Arabië (0,24%).

de jaren 1990

De waarde van de invoer in Zuidwest-Azië bedroeg in de jaren 1990 US$197,4 miljard per jaar, en was vergelijkbaar met Canada (US$195,7 miljard), de Nederland (US$200,7 miljard). Het aandeel in de wereld was 3,4%, en 13,2% in Azië.

Het aandeel van de invoer in het BBP van Zuidwest-Azië was 30,0% in de jaren 1990, en was vergelijkbaar met Zweden (30,0%), Mali (29,9%), Ivoorkust (29,8%).

De invoer per hoofd in Zuidwest-Azië was $1.199,8 in de jaren 1990s, en was vergelijkbaar met de Maldiven (US$1.205,3), Jamaica (US$1.192,3), Letland (US$1.189,5). De waarde van de invoer per hoofd in Zuidwest-Azië was 18,1% hoger dan de invoer per hoofd van de bevolking in de wereld ($1.015,5), en was in 2,8 keer hoger dan de invoer per hoofd van de bevolking in Azië ($1.015,5).

De groei van de invoer in Zuidwest-Azië bedroeg 4.3% in de jaren 1990, en was vergelijkbaar met de Bahama's (4,3%). De groei van de invoer in Zuidwest-Azië (4,3%) was minder dan de groei van de invoer in de wereld (6,6%), was minder dan de groei van de invoer in Azië (6,8%).

Vergelijking met subregio's. De invoer van Zuidwest-Azië was groter dan in Zuid-Azië (US$85,4 miljard) en in Centraal-Azië (US$20,0 miljard); maar minder dan in Oost-Azië (US$861,9 miljard) en in Zuidoost-Azië (US$325,6 miljard). De waarde van de invoer per hoofd in Zuidwest-Azië was in Zuidwest-Azië groter dan in Zuidoost-Azië (US$676,3), in Oost-Azië (US$591,9), in Centraal-Azië (US$378,9) en in Zuid-Azië (US$65,2). De groei van de invoer in Zuidwest-Azië was groter dan in Zuid-Azië (4,2%) en in Centraal-Azië (-12,2%); maar minder dan in Zuidoost-Azië (8,9%) en in Oost-Azië (7,2%).

Leiders. De invoer van Zuidwest-Azië in de jaren 1990 bestond uit: Saoedi-Arabië (21,0%), Turkije (19,5%), Israël (15,9%), Verenigde Arabische Emiraten (12,6%), Koeweit (6,6%), en andere (24,3%). Het aandeel van de invoer in BBP van de leiders: Koeweit (54,0%), Verenigde Arabische Emiraten (37,9%), Israël (34,0%), Saoedi-Arabië (29,0%) en Turkije (16,5%). De invoer per hoofd in Zuidwest-Azië onder de leiders: Verenigde Arabische Emiraten ($10.536,7), Koeweit ($7.198,6), Israël ($6.069,9), Saoedi-Arabië ($2.264,3) en Turkije ($663,7). De groei van de invoer onder de leiders: Turkije (10,9%), Israël (8,9%), Verenigde Arabische Emiraten (6,6%), Koeweit (1,8%) en Saoedi-Arabië (-1,9%).

de jaren 2000

De invoer van Zuidwest-Azië bedroeg in de jaren 2000 US$514,1 miljard per jaar. Het aandeel in de wereld was 4,2%, en 14,5% in Azië.

Het aandeel van de invoer in het BBP van Zuidwest-Azië was 34,6% in de jaren 2000, en was vergelijkbaar met Europa (34,5%), Sri Lanka (34,3%), Syrië (34,3%).

De waarde van de invoer per hoofd in Zuidwest-Azië was $2.519,7 in de jaren 2000s, en was vergelijkbaar met Belize (US$2,5 duizend). De invoer per hoofd in Zuidwest-Azië was 32,6% hoger dan de invoer per hoofd van de bevolking in de wereld ($1.899,9), en was in 2,8 keer hoger dan de invoer per hoofd van de bevolking in Azië ($1.899,9).

De groei van de invoer in Zuidwest-Azië bedroeg 7.5% in de jaren 2000, en was vergelijkbaar met Bangladesh (7,4%), Australië (7,5%), Kirgizië (7,5%). De groei van de invoer in Zuidwest-Azië (7,5%) was groter dan de groei van de invoer in de wereld (5,1%), was minder dan de groei van de invoer in Azië (7,8%).

Vergelijking met subregio's. De waarde van de invoer in Zuidwest-Azië was groter dan in Zuid-Azië (US$293,2 miljard) en in Centraal-Azië (US$41,0 miljard); maar minder dan in Oost-Azië (US$2,0 biljoen) en in Zuidoost-Azië (US$684,8 miljard). De invoer per hoofd in Zuidwest-Azië was in Zuidwest-Azië groter dan in Oost-Azië (US$1.294,0), in Zuidoost-Azië (US$1.228,2), in Centraal-Azië (US$703,4) en in Zuid-Azië (US$186,2). De groei van de invoer in Zuidwest-Azië was groter dan in Zuidoost-Azië (7,1%) en in Centraal-Azië (5,7%); maar minder dan in Zuid-Azië (10,5%) en in Oost-Azië (7,6%).

Leiders. De waarde van de invoer in Zuidwest-Azië in de jaren 2000 bestond uit: Turkije (22,3%), Verenigde Arabische Emiraten (18,1%), Saoedi-Arabië (18,1%), Israël (11,2%), Irak (6,1%), en andere (24,2%). Het aandeel van de invoer in BBP van de leiders: Irak (53,2%), Verenigde Arabische Emiraten (50,6%), Israël (37,2%), Saoedi-Arabië (29,9%) en Turkije (24,9%). De invoer per hoofd in Zuidwest-Azië onder de leiders: Verenigde Arabische Emiraten ($19.125,6), Israël ($8.838,9), Saoedi-Arabië ($3.949,4), Turkije ($1.699,7) en Irak ($1.184,7). De groei van de invoer onder de leiders: Verenigde Arabische Emiraten (13,6%), Saoedi-Arabië (12,9%), Turkije (6,2%), Israël (2,0%) en Irak (-2,3%).

de jaren 2010

De waarde van de invoer in Zuidwest-Azië bedroeg in de jaren 2010 US$1,2 biljoen per jaar. Het aandeel in de wereld was 5,2%, en 14,4% in Azië.

Het aandeel van de invoer in het BBP van Zuidwest-Azië was 37,0% in de jaren 2010, en was vergelijkbaar met Centraal-Amerika (37,1%), Brunei (37,2%), Oost-Europa (37,3%).

De waarde van de invoer per hoofd in Zuidwest-Azië was $4.534,2 in de jaren 2010s, en was vergelijkbaar met Tuvalu (US$4,5 duizend), Chili (US$4,5 duizend), Grenada (US$4,6 duizend). De invoer per hoofd in Zuidwest-Azië was 50,4% hoger dan de invoer per hoofd van de bevolking in de wereld ($3.015,6), en was in 2,5 keer hoger dan de invoer per hoofd van de bevolking in Azië ($3.015,6).

De groei van de invoer in Zuidwest-Azië bedroeg 4% in de jaren 2010, en was vergelijkbaar met Kroatië (4,0%), Cyprus (4,0%), Tuvalu (4,0%). De groei van de invoer in Zuidwest-Azië (4,0%) was minder dan de groei van de invoer in de wereld (4,4%), was minder dan de groei van de invoer in Azië (5,4%).

Vergelijking met subregio's. De waarde van de invoer in Zuidwest-Azië was 48,2% groter dan in Zuid-Azië (US$778,2 miljard) en 12,8 keer groter dan in Centraal-Azië (US$90,1 miljard); maar 3,9 keer minder dan in Oost-Azië (US$4,5 biljoen) en 22,0% minder dan in Zuidoost-Azië (US$1,5 biljoen). De waarde van de invoer per hoofd in Zuidwest-Azië was in Zuidwest-Azië65,4% groter dan in Oost-Azië (US$2,7 duizend), 93,2% groter dan in Zuidoost-Azië (US$2,3 duizend), 3,4 keer groter dan in Centraal-Azië (US$1.325,8) en 10,6 keer groter dan in Zuid-Azië (US$428,5). De groei van de invoer in Zuidwest-Azië was groter dan in Zuid-Azië (2,5%); maar minder dan in Zuidoost-Azië (6,2%), in Centraal-Azië (6,1%) en in Oost-Azië (6,0%).

Leiders. De waarde van de invoer in Zuidwest-Azië in de jaren 2010 bestond uit: Verenigde Arabische Emiraten (22,2%), Turkije (21,0%), Saoedi-Arabië (18,6%), Israël (8,1%), Irak (5,5%), en andere (24,6%). Het aandeel van de invoer in BBP van de leiders: Verenigde Arabische Emiraten (68,3%), Irak (32,0%), Saoedi-Arabië (30,6%), Israël (30,3%) en Turkije (28,4%). De waarde van de invoer per hoofd in Zuidwest-Azië onder de leiders: Verenigde Arabische Emiraten ($27.680,3), Israël ($11.813,4), Saoedi-Arabië ($6.888,7), Turkije ($3.110,9) en Irak ($1.812,7). De groei van de invoer onder de leiders: Verenigde Arabische Emiraten (5,7%), Israël (5,6%), Turkije (4,6%), Saoedi-Arabië (1,2%) en Irak (0,67%).

Part IV. Verbruik

Hoofdstuk XII. Overheidsuitgaven

Consumptie-uitgaven van de overheid

De overheidsuitgaven van Zuidwest-Azië steeg van US$25,5 miljard per jaar in de jaren 1970 tot US$556,3 miljard per jaar in de jaren 2010, dat wil zeggen met US$530,8 miljard of 21,8 keer. De verandering vond plaats op US$422,9 miljard als gevolg van een 4,2-voudige stijging van de prijzen, en ook op US$56,5 miljard als gevolg van een 1,7-voudige toename van het tarief per hoofd , evenals op US$51,4 miljard als gevolg van de toename van de bevolking. De gemiddelde jaarlijkse groei van de overheidsuitgaven is 4,6%. De minimumwaarde van de overheidsuitgaven bedroeg US$7,0 miljard in 1970. De maximumwaarde van de overheidsuitgaven bedroeg US$624,0 miljard in 2019.

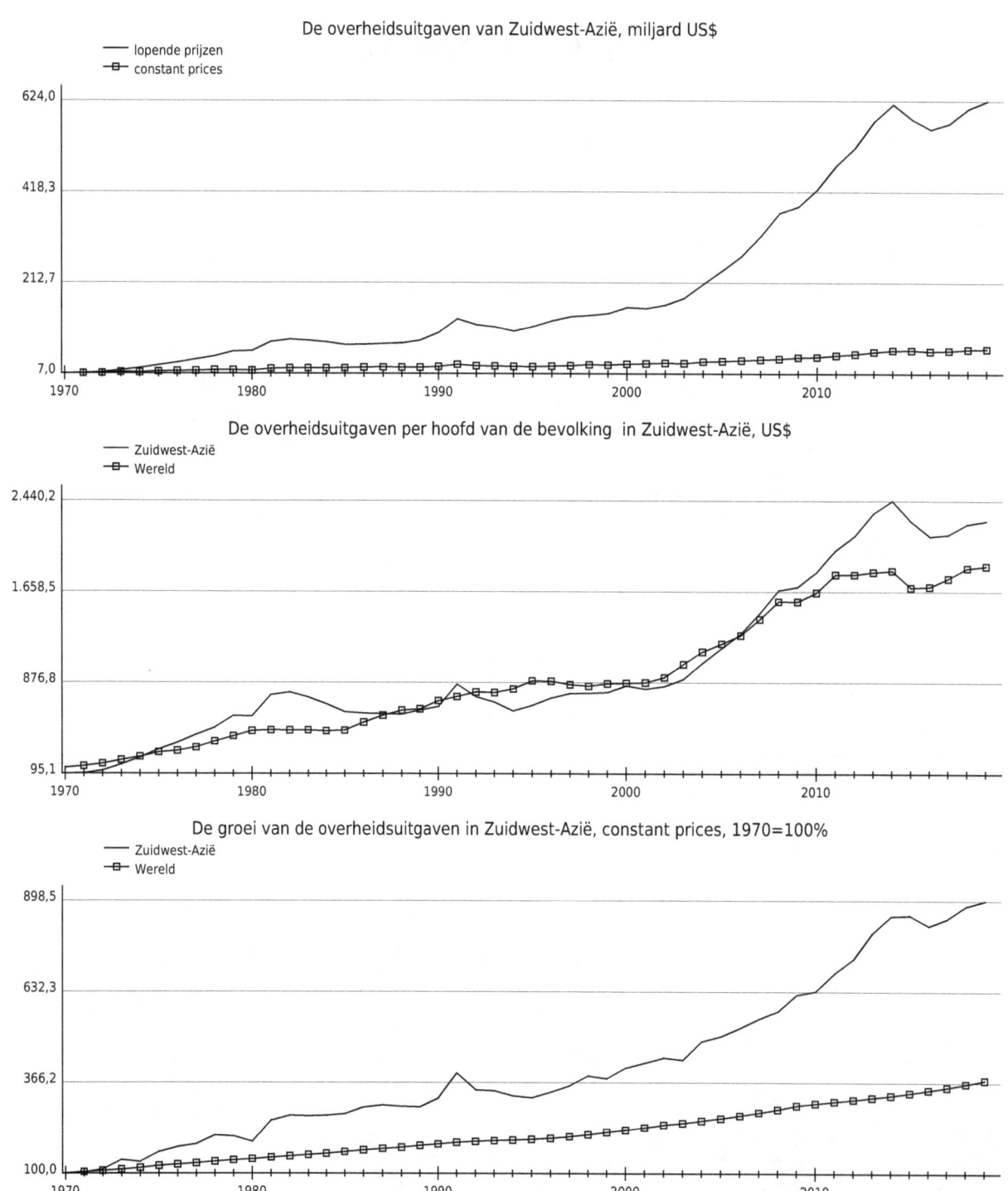

De overheidsuitgaven van Zuidwest-Azië, miljard US$

De overheidsuitgaven per hoofd van de bevolking in Zuidwest-Azië, US$

De groei van de overheidsuitgaven in Zuidwest-Azië, constant prices, 1970=100%

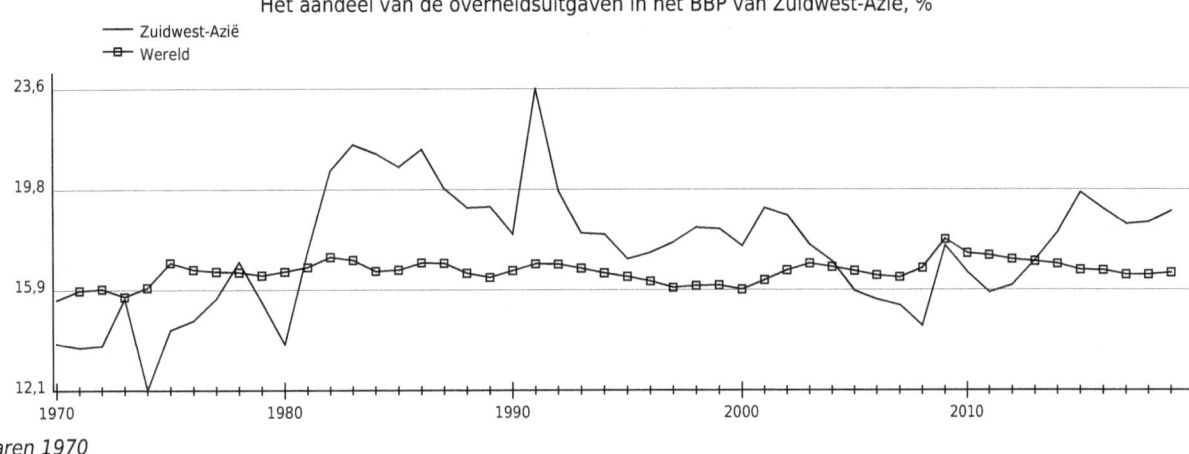

Het aandeel van de overheidsuitgaven in het BBP van Zuidwest-Azië, %

de jaren 1970

De overheidsuitgaven van Zuidwest-Azië bedroeg in de jaren 1970 US$25,5 miljard per jaar. Het aandeel in de wereld was 2,4%, en 15,9% in Azië.

Het aandeel van de overheidsuitgaven in het BBP van Zuidwest-Azië was 15,0% in de jaren 1970, en was vergelijkbaar met Antigua en Barbuda (15,0%), Kaapverdië (15,0%).

De overheidsuitgaven per hoofd in Zuidwest-Azië was $302,2 in de jaren 1970s, en was vergelijkbaar met Trinidad en Tobago (US$296,3). De overheidsuitgaven per hoofd in Zuidwest-Azië was 14,0% hoger dan de overheidsuitgaven per hoofd van de bevolking in de wereld ($265,2), en was in 4,4 keer hoger dan de overheidsuitgaven per hoofd van de bevolking in Azië ($265,2).

De groei van de overheidsuitgaven in Zuidwest-Azië bedroeg 8.5% in de jaren 1970, en was vergelijkbaar met Portugal (8,4%), Brazilië (8,5%), Libië (8,5%). De groei van de overheidsuitgaven in Zuidwest-Azië (8,5%) was groter dan de groei van de overheidsuitgaven in de wereld (3,7%), was groter dan de groei van de overheidsuitgaven in Azië (6,9%).

Vergelijking met subregio's. De overheidsuitgaven van Zuidwest-Azië was groter dan in Zuid-Azië (US$21,5 miljard) en in Zuidoost-Azië (US$9,8 miljard); maar minder dan in Oost-Azië (US$103,3 miljard). De overheidsuitgaven per hoofd in Zuidwest-Azië was in Zuidwest-Azië groter dan in Oost-Azië (US$94,3), in Zuidoost-Azië (US$31,0) en in Zuid-Azië (US$26,0). De groei van de overheidsuitgaven in Zuidwest-Azië was groter dan in Oost-Azië (5,9%); maar minder dan in Zuid-Azië (9,5%) en in Zuidoost-Azië (9,0%).

Leiders. De overheidsuitgaven van Zuidwest-Azië in de jaren 1970 bestond uit: Saoedi-Arabië (32,9%), Turkije (23,3%), Israël (18,9%), Koeweit (5,1%), Syrië (3,9%), en andere (15,9%). Het aandeel van de overheidsuitgaven in BBP van de leiders: Israël (37,0%), Syrië (19,9%), Saoedi-Arabië (18,2%), Koeweit (11,9%) en Turkije (9,8%). De overheidsuitgaven per hoofd in Zuidwest-Azië onder de leiders: Israël ($1.488,1), Koeweit ($1.295,7), Saoedi-Arabië ($1.144,0), Turkije ($153,2) en Syrië ($133,7). De groei van de overheidsuitgaven onder de leiders: Saoedi-Arabië (16,0%), Syrië (13,6%), Koeweit (9,5%), Turkije (7,2%) en Israël (3,2%).

de jaren 1980

De overheidsuitgaven van Zuidwest-Azië bedroeg in de jaren 1980 US$75,5 miljard per jaar. Het aandeel in de wereld was 3,0%, en 15,6% in Azië.

Het aandeel van de overheidsuitgaven in het BBP van Zuidwest-Azië was 19,3% in de jaren 1980, en was vergelijkbaar met Finland (19,3%), Trinidad en Tobago (19,4%), Guyana (19,2%).

De overheidsuitgaven per hoofd in Zuidwest-Azië was $664,1 in de jaren 1980s, en was vergelijkbaar met Malta (US$666,9), de Sovjet-Unie (US$658,0), Montserrat (US$675,4). De overheidsuitgaven per hoofd in Zuidwest-Azië was 26,9% hoger dan de overheidsuitgaven per hoofd van de bevolking in de wereld ($523,5), en was in 3,9 keer hoger dan de overheidsuitgaven per hoofd van de bevolking in Azië ($523,5).

De groei van de overheidsuitgaven in Zuidwest-Azië bedroeg 3.5% in de jaren 1980. De groei van de overheidsuitgaven in Zuidwest-Azië (3,5%) was groter dan de groei van de overheidsuitgaven in de wereld (2,7%), was minder dan de groei van de overheidsuitgaven in Azië (4,2%).

Vergelijking met subregio's. De overheidsuitgaven van Zuidwest-Azië was groter dan in Zuid-Azië (US$49,4 miljard) en in Zuidoost-Azië (US$27,1 miljard); maar minder dan in Oost-Azië (US$330,6 miljard). De overheidsuitgaven per hoofd in Zuidwest-Azië was in Zuidwest-Azië groter dan in Oost-Azië (US$258,7), in Zuidoost-Azië (US$68,4) en in Zuid-Azië (US$47,1). De groei van de overheidsuitgaven in Zuidwest-Azië was groter dan in Zuid-Azië (1,9%); maar minder dan in Oost-Azië (4,7%) en in Zuidoost-Azië (4,3%).

Leiders. De overheidsuitgaven van Zuidwest-Azië in de jaren 1980 bestond uit: Saoedi-Arabië (43,7%), Israël (14,0%), Turkije (10,4%), Koeweit (6,1%), Verenigde Arabische Emiraten (6,0%), en andere (19,9%). Het aandeel van de overheidsuitgaven in BBP van de leiders: Israël (31,2%), Saoedi-Arabië (27,2%), Koeweit (20,5%), Verenigde Arabische Emiraten (10,8%) en Turkije (7,5%). De overheidsuitgaven per hoofd in Zuidwest-Azië onder de leiders: Verenigde Arabische Emiraten ($3.340,0), Koeweit ($2.679,4), Israël ($2.640,2), Saoedi-Arabië ($2.590,0) en Turkije ($161,2). De groei van de overheidsuitgaven onder de leiders: Verenigde Arabische Emiraten (5,9%), Turkije (5,8%), Koeweit (4,5%), Saoedi-Arabië (3,6%) en Israël (0,58%).

de jaren 1990

De overheidsuitgaven van Zuidwest-Azië bedroeg in de jaren 1990 US$122,0 miljard per jaar. Het aandeel in de wereld was 2,6%, en 11,0% in Azië.

Het aandeel van de overheidsuitgaven in het BBP van Zuidwest-Azië was 18,5% in de jaren 1990, en was vergelijkbaar met Oost-Europa (18,5%), Italië (18,5%), Bhutan (18,3%).

De overheidsuitgaven per hoofd in Zuidwest-Azië was $741,4 in de jaren 1990s, en was vergelijkbaar met Brazilië (US$733,0). De overheidsuitgaven per hoofd in Zuidwest-Azië was 10,1% lager dan de overheidsuitgaven per hoofd van de bevolking in de wereld ($824,8), en was in 2,3 keer hoger dan de overheidsuitgaven per hoofd van de bevolking in Azië ($824,8).

De groei van de overheidsuitgaven in Zuidwest-Azië bedroeg 2.5% in de jaren 1990, en was vergelijkbaar met El Salvador (2,5%), Oost-Afrika (2,5%), Noord-Afrika (2,5%). De groei van de overheidsuitgaven in Zuidwest-Azië (2,5%) was groter dan de groei van de overheidsuitgaven in de wereld (2,0%), was minder dan de groei van de overheidsuitgaven in Azië (5,0%).

Vergelijking met subregio's. De overheidsuitgaven van Zuidwest-Azië was groter dan in Zuid-Azië (US$64,0 miljard), in Zuidoost-Azië (US$55,3 miljard) en in Centraal-Azië (US$7,1 miljard); maar minder dan in Oost-Azië (US$856,0 miljard). De overheidsuitgaven per hoofd in Zuidwest-Azië was in Zuidwest-Azië groter dan in Oost-Azië (US$587,9), in Centraal-Azië (US$133,8), in Zuidoost-Azië (US$114,9) en in Zuid-Azië (US$48,9). De groei van de overheidsuitgaven in Zuidwest-Azië was groter dan in Centraal-Azië (-5,6%); maar minder dan in Oost-Azië (5,6%), in Zuid-Azië (4,5%) en in Zuidoost-Azië (4,0%).

Leiders. De overheidsuitgaven van Zuidwest-Azië in de jaren 1990 bestond uit: Saoedi-Arabië (31,6%), Turkije (19,9%), Israël (19,7%), Koeweit (8,1%), Verenigde Arabische Emiraten (5,3%), en andere (15,4%). Het aandeel van de overheidsuitgaven in BBP van de leiders: Koeweit (40,7%), Saoedi-Arabië (26,9%), Israël (26,1%), Turkije (10,4%) en Verenigde Arabische Emiraten (9,8%). De overheidsuitgaven per hoofd in Zuidwest-Azië onder de leiders: Koeweit ($5.427,3), Israël ($4.659,4), Verenigde Arabische Emiraten ($2.719,2), Saoedi-Arabië ($2.101,8) en Turkije ($417,5). De groei van de overheidsuitgaven onder de leiders: Turkije (5,0%), Verenigde Arabische Emiraten (4,3%), Koeweit (2,9%), Israël (2,3%) en Saoedi-Arabië (-0,081%).

de jaren 2000

De overheidsuitgaven van Zuidwest-Azië bedroeg in de jaren 2000 US$244,7 miljard per jaar. Het aandeel in de wereld was 3,1%, en 13,0% in Azië.

Het aandeel van de overheidsuitgaven in het BBP van Zuidwest-Azië was 16,4% in de jaren 2000, en was vergelijkbaar met Mozambique (16,5%), Burundi (16,3%), Papoea-Nieuw-Guinea (16,6%).

De overheidsuitgaven per hoofd in Zuidwest-Azië was $1.199,4 in de jaren 2000s, en was vergelijkbaar met de Wereld (US$1.200,9), de FS van Micronesië (US$1.207,5). De overheidsuitgaven per hoofd in Zuidwest-Azië was 0,13% lager dan de overheidsuitgaven per hoofd van de bevolking in de wereld ($1.200,9), en was in 2,5 keer hoger dan de overheidsuitgaven per hoofd van de bevolking in Azië ($1.200,9).

De groei van de overheidsuitgaven in Zuidwest-Azië bedroeg 5.1% in de jaren 2000, en was vergelijkbaar met Oost-Azië (5,1%), Thailand (5,2%), Andorra (5,2%). De groei van de overheidsuitgaven in Zuidwest-Azië (5,1%) was groter dan de groei van de overheidsuitgaven in de wereld (3,1%), was minder dan de groei van de overheidsuitgaven in Azië (5,3%).

Vergelijking met subregio's. De overheidsuitgaven van Zuidwest-Azië was groter dan in Zuid-Azië (US$134,4 miljard), in Zuidoost-Azië (US$105,1 miljard) en in Centraal-Azië (US$12,0 miljard); maar minder dan in Oost-Azië (US$1,4 biljoen). De overheidsuitgaven per hoofd in Zuidwest-Azië was in Zuidwest-Azië groter dan in Oost-Azië (US$892,1), in Centraal-Azië (US$206,7), in Zuidoost-Azië (US$188,5) en in Zuid-Azië (US$85,4). De groei van de overheidsuitgaven in Zuidwest-Azië was minder dan in Zuidoost-Azië (6,5%), in Centraal-Azië (6,0%), in Zuid-Azië (5,4%) en in Oost-Azië (5,1%).

Leiders. De overheidsuitgaven van Zuidwest-Azië in de jaren 2000 bestond uit: Saoedi-Arabië (28,1%), Turkije (24,9%), Israël (15,3%), Verenigde Arabische Emiraten (6,2%), Irak (5,5%), en andere (20,0%). Het aandeel van de overheidsuitgaven in BBP van de leiders: Israël (24,2%), Irak (22,7%), Saoedi-Arabië (22,1%), Turkije (13,3%) en Verenigde Arabische Emiraten (8,2%). De overheidsuitgaven per hoofd in Zuidwest-Azië onder de leiders: Israël ($5.748,0), Verenigde Arabische Emiraten ($3.118,4), Saoedi-Arabië ($2.919,3), Turkije ($905,9) en Irak ($505,0). De groei van de overheidsuitgaven onder de leiders: Irak (8,6%), Verenigde Arabische Emiraten (5,5%), Saoedi-Arabië (5,4%), Turkije (5,0%) en Israël (1,9%).

de jaren 2010

De overheidsuitgaven van Zuidwest-Azië bedroeg in de jaren 2010 US$556,3 miljard per jaar, en was vergelijkbaar met het Verenigd Koninkrijk (US$548,8 miljard). Het aandeel in de wereld was 4,2%, en 13,0% in Azië.

Het aandeel van de overheidsuitgaven in het BBP van Zuidwest-Azië was 17,8% in de jaren 2010, en was vergelijkbaar met Kirgizië (17,8%), Jordanië (17,9%), Malta (17,8%).

De overheidsuitgaven per hoofd in Zuidwest-Azië was $2.186,8 in de jaren 2010s, en was vergelijkbaar met Uruguay (US$2,2 duizend), Rusland (US$2,2 duizend), Argentinië (US$2,2 duizend). De overheidsuitgaven per hoofd in Zuidwest-Azië was 22,5% hoger dan de overheidsuitgaven per hoofd van de bevolking in de wereld ($1.785,1), en was in 2,3 keer hoger dan de overheidsuitgaven per hoofd van de bevolking in Azië ($1.785,1).

De groei van de overheidsuitgaven in Zuidwest-Azië bedroeg 3.7% in de jaren 2010, en was vergelijkbaar met Chili (3,7%), Bhutan (3,7%). De groei van de overheidsuitgaven in Zuidwest-Azië (3,7%) was groter dan de groei van de overheidsuitgaven in de wereld (2,3%), was minder dan de groei van de overheidsuitgaven in Azië (5,2%).

Vergelijking met subregio's. De overheidsuitgaven van Zuidwest-Azië was 61,3% groter dan in Zuid-Azië (US$344,9 miljard), 93,2% groter dan in Zuidoost-Azië (US$287,9 miljard) en 16,3 keer groter dan in Centraal-Azië (US$34,1 miljard); maar 5,5 keer minder dan in Oost-Azië (US$3,1 biljoen). De overheidsuitgaven per hoofd in Zuidwest-Azië was in Zuidwest-Azië17,4% groter dan in Oost-Azië (US$1.863,4), 4,4 keer groter dan in Centraal-Azië (US$502,3), 4,8 keer groter dan in Zuidoost-Azië (US$456,9) en 11,5 keer groter dan in Zuid-Azië (US$189,9). De groei van de overheidsuitgaven in Zuidwest-Azië was minder dan in Oost-Azië (5,6%), in Centraal-Azië (5,1%), in Zuid-Azië (4,7%) en in Zuidoost-Azië (4,5%).

Leiders. De overheidsuitgaven van Zuidwest-Azië in de jaren 2010 bestond uit: Saoedi-Arabië (29,9%), Turkije (22,0%), Israël (12,6%), Verenigde Arabische Emiraten (7,8%), Irak (6,9%), en andere (20,8%). Het aandeel van de overheidsuitgaven in BBP van de leiders: Saoedi-Arabië (23,7%), Israël (22,7%), Irak (19,5%), Turkije (14,4%) en Verenigde Arabische Emiraten (11,5%). De overheidsuitgaven per hoofd in Zuidwest-Azië onder de leiders: Israël ($8.857,1), Saoedi-Arabië ($5.344,7), Verenigde Arabische Emiraten ($4.681,7), Turkije ($1.570,9) en Irak ($1.107,4). De groei van de overheidsuitgaven onder de leiders: Verenigde Arabische Emiraten (5,4%), Turkije (5,0%), Israël (3,4%), Saoedi-Arabië (3,1%) en Irak (1,6%).

Hoofdstuk XIII. Huishoudelijke uitgaven

Consumptieve bestedingen van de huishoudens

De huishoudelijke uitgaven van Zuidwest-Azië steeg van US$77,4 miljard per jaar in de jaren 1970 tot US$1,5 biljoen per jaar in de jaren 2010, dat wil zeggen met US$1,4 biljoen of 19,0 keer. De verandering vond plaats op US$1,0 biljoen als gevolg van een 3,2-voudige stijging van de prijzen, en ook op US$232,0 miljard als gevolg van een 2,0-voudige toename van het tarief per hoofd , evenals op US$155,9 miljard als gevolg van de toename van de bevolking. De gemiddelde jaarlijkse groei van de huishoudelijke uitgaven is 4,6%. De minimumwaarde van de huishoudelijke uitgaven bedroeg US$29,1 miljard in 1970. De maximumwaarde van de huishoudelijke uitgaven bedroeg US$1,6 biljoen in 2019.

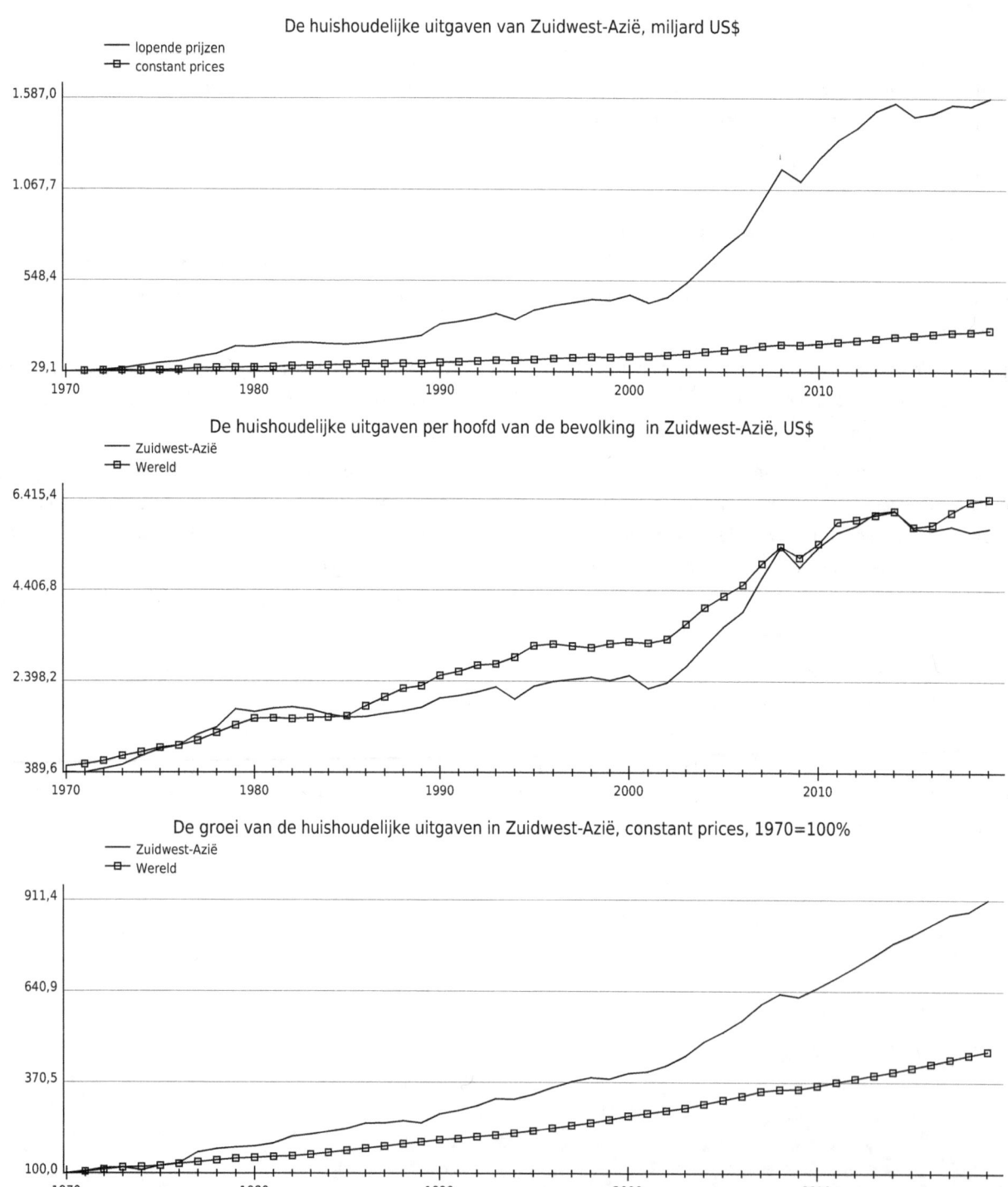

De huishoudelijke uitgaven van Zuidwest-Azië, miljard US$

De huishoudelijke uitgaven per hoofd van de bevolking in Zuidwest-Azië, US$

De groei van de huishoudelijke uitgaven in Zuidwest-Azië, constant prices, 1970=100%

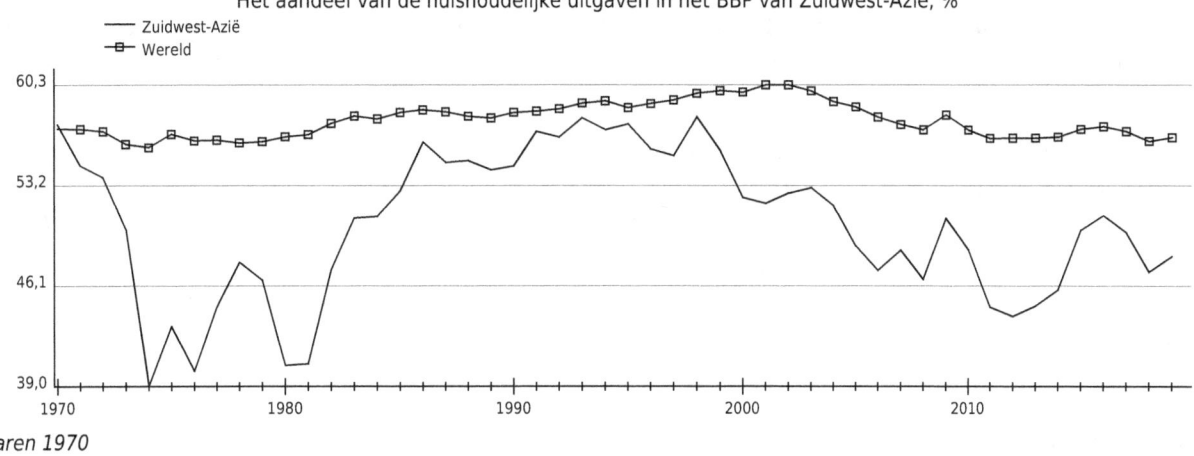

Het aandeel van de huishoudelijke uitgaven in het BBP van Zuidwest-Azië, %

de jaren 1970

De huishoudelijke uitgaven van Zuidwest-Azië bedroeg in de jaren 1970 US$77,4 miljard per jaar, en was vergelijkbaar met India (US$77,8 miljard), China (US$79,3 miljard). Het aandeel in de wereld was 2,1%, en 11,8% in Azië.

Het aandeel van de huishoudelijke uitgaven in het BBP van Zuidwest-Azië was 45,6% in de jaren 1970, en was vergelijkbaar met Iran (45,8%), Kiribati (46,0%).

De huishoudelijke uitgaven per hoofd in Zuidwest-Azië was $917,3 in de jaren 1970s, en was vergelijkbaar met de Wereld (US$914,8), Tsjecho-Slowakije (US$909,5), Polen (US$909,5). De huishoudelijke uitgaven per hoofd in Zuidwest-Azië was 0,27% hoger dan de huishoudelijke uitgaven per hoofd van de bevolking in de wereld ($914,8), en was in 3,2 keer hoger dan de huishoudelijke uitgaven per hoofd van de bevolking in Azië ($914,8).

De groei van de huishoudelijke uitgaven in Zuidwest-Azië bedroeg 6.5% in de jaren 1970, en was vergelijkbaar met Soedan (6,5%), Ivoorkust (6,5%), Grenada (6,5%). De groei van de huishoudelijke uitgaven in Zuidwest-Azië (6,5%) was groter dan de groei van de huishoudelijke uitgaven in de wereld (4,1%), was groter dan de groei van de huishoudelijke uitgaven in Azië (5,2%).

Vergelijking met subregio's. De huishoudelijke uitgaven van Zuidwest-Azië was groter dan in Zuidoost-Azië (US$57,2 miljard); maar minder dan in Oost-Azië (US$393,6 miljard) en in Zuid-Azië (US$127,5 miljard). De huishoudelijke uitgaven per hoofd in Zuidwest-Azië was in Zuidwest-Azië groter dan in Oost-Azië (US$359,2), in Zuidoost-Azië (US$181,2) en in Zuid-Azië (US$154,4). De groei van de huishoudelijke uitgaven in Zuidwest-Azië was groter dan in Zuidoost-Azië (6,0%), in Oost-Azië (5,3%) en in Zuid-Azië (3,3%).

Leiders. De huishoudelijke uitgaven van Zuidwest-Azië in de jaren 1970 bestond uit: Turkije (53,4%), Saoedi-Arabië (14,5%), Israël (8,5%), Syrië (4,3%), Koeweit (3,8%), en andere (15,4%). Het aandeel van de huishoudelijke uitgaven in BBP van de leiders: Turkije (68,0%), Syrië (66,9%), Israël (50,8%), Koeweit (27,2%) en Saoedi-Arabië (24,5%). De huishoudelijke uitgaven per hoofd in Zuidwest-Azië onder de leiders: Koeweit ($2.954,4), Israël ($2.040,0), Saoedi-Arabië ($1.535,9), Turkije ($1.063,6) en Syrië ($450,0). De groei van de huishoudelijke uitgaven onder de leiders: Saoedi-Arabië (11,6%), Koeweit (10,2%), Syrië (9,6%), Israël (6,4%) en Turkije (5,0%).

de jaren 1980

De huishoudelijke uitgaven van Zuidwest-Azië bedroeg in de jaren 1980 US$195,5 miljard per jaar. Het aandeel in de wereld was 2,2%, en 10,3% in Azië.

Het aandeel van de huishoudelijke uitgaven in het BBP van Zuidwest-Azië was 50,0% in de jaren 1980, en was vergelijkbaar met Afrika (50,1%), Hongarije (49,6%), Joegoslavië (50,4%).

De huishoudelijke uitgaven per hoofd in Zuidwest-Azië was $1.720,6 in de jaren 1980s, en was vergelijkbaar met Suriname (US$1.692,4), Anguilla (US$1.679,0). De huishoudelijke uitgaven per hoofd in Zuidwest-Azië was 4,8% lager dan de huishoudelijke uitgaven per hoofd van de bevolking in de wereld (US$1.808,0), en was in 2,6 keer hoger dan de huishoudelijke uitgaven per hoofd van de bevolking in Azië ($1.808,0).

De groei van de huishoudelijke uitgaven in Zuidwest-Azië bedroeg 3.5% in de jaren 1980, en was vergelijkbaar met Bulgarije (3,5%). De groei van de huishoudelijke uitgaven in Zuidwest-Azië (3,5%) was groter dan de groei van de huishoudelijke uitgaven in de wereld (3,0%), was minder dan de groei van de huishoudelijke uitgaven in Azië (4,7%).

Vergelijking met subregio's. De huishoudelijke uitgaven van Zuidwest-Azië was groter dan in Zuidoost-Azië (US$142,0 miljard); maar minder dan in Oost-Azië (US$1,2 biljoen) en in Zuid-Azië (US$306,7 miljard). De huishoudelijke uitgaven per hoofd in Zuidwest-Azië was in Zuidwest-Azië groter dan in Oost-Azië (US$974,5), in Zuidoost-Azië (US$358,3) en in Zuid-Azië (US$292,4). De groei van de huishoudelijke uitgaven in Zuidwest-Azië was minder dan in Oost-Azië (5,0%), in Zuidoost-Azië (5,0%) en in Zuid-Azië (4,0%).

Leiders. De huishoudelijke uitgaven van Zuidwest-Azië in de jaren 1980 bestond uit: Turkije (35,0%), Saoedi-Arabië (25,9%), Israël (9,6%), Verenigde Arabische Emiraten (7,1%), Koeweit (5,2%), en andere (17,4%). Het aandeel van de huishoudelijke uitgaven in BBP van de leiders: Turkije (65,8%), Israël (55,1%), Koeweit (45,0%), Saoedi-Arabië (41,8%) en Verenigde Arabische Emiraten (33,0%). De huishoudelijke uitgaven per hoofd in Zuidwest-Azië onder de leiders: Verenigde Arabische Emiraten ($10.220,5), Koeweit ($5.894,1), Israël ($4.664,0), Saoedi-Arabië ($3.975,3) en Turkije ($1.407,3). De groei van de huishoudelijke uitgaven onder de leiders: Verenigde Arabische Emiraten (8,7%), Israël (4,8%), Saoedi-Arabië (4,1%), Koeweit (3,8%) en Turkije (2,4%).

de jaren 1990

De huishoudelijke uitgaven van Zuidwest-Azië bedroeg in de jaren 1990 US$372,3 miljard per jaar, en was vergelijkbaar met Afrika (US$377,3 miljard). Het aandeel in de wereld was 2,2%, en 8,9% in Azië.

Het aandeel van de huishoudelijke uitgaven in het BBP van Zuidwest-Azië was 56,5% in de jaren 1990, en was vergelijkbaar met Slovenië (56,5%), Indonesië (56,4%), Canada (56,7%).

De huishoudelijke uitgaven per hoofd in Zuidwest-Azië was $2.263,4 in de jaren 1990s, en was vergelijkbaar met Hongarije (US$2,3 duizend). De huishoudelijke uitgaven per hoofd in Zuidwest-Azië was 23,6% lager dan de huishoudelijke uitgaven per hoofd van de bevolking in de wereld ($2.963,9), en was 87,3% hoger dan de huishoudelijke uitgaven per hoofd van de bevolking in Azië ($2.963,9).

De groei van de huishoudelijke uitgaven in Zuidwest-Azië bedroeg 4.3% in de jaren 1990, en was vergelijkbaar met Turkije (4,3%), Panama (4,3%), Hongkong (4,3%). De groei van de huishoudelijke uitgaven in Zuidwest-Azië (4,3%) was groter dan de groei van de huishoudelijke uitgaven in de wereld (3,0%), was minder dan de groei van de huishoudelijke uitgaven in Azië (4,4%).

Vergelijking met subregio's. De huishoudelijke uitgaven van Zuidwest-Azië was groter dan in Zuidoost-Azië (US$314,1 miljard) en in Centraal-Azië (US$32,0 miljard); maar minder dan in Oost-Azië (US$3,1 biljoen) en in Zuid-Azië (US$394,8 miljard). De huishoudelijke uitgaven per hoofd in Zuidwest-Azië was in Zuidwest-Azië groter dan in Oost-Azië (US$2,1 duizend), in Zuidoost-Azië (US$652,5), in Centraal-Azië (US$606,4) en in Zuid-Azië (US$301,5). De groei van de huishoudelijke uitgaven in Zuidwest-Azië was groter dan in Oost-Azië (4,0%) en in Centraal-Azië (-5,6%); maar minder dan in Zuidoost-Azië (5,8%) en in Zuid-Azië (4,5%).

Leiders. De huishoudelijke uitgaven van Zuidwest-Azië in de jaren 1990 bestond uit: Turkije (40,7%), Saoedi-Arabië (17,2%), Israël (13,6%), Verenigde Arabische Emiraten (9,0%), Koeweit (3,2%), en andere (16,4%). Het aandeel van de huishoudelijke uitgaven in BBP van de leiders: Turkije (64,7%), Israël (54,9%), Verenigde Arabische Emiraten (50,8%), Koeweit (49,1%) en Saoedi-Arabië (44,8%). De huishoudelijke uitgaven per hoofd in Zuidwest-Azië onder de leiders: Verenigde Arabische Emiraten ($14.124,1), Israël ($9.798,3), Koeweit ($6.552,6), Saoedi-Arabië ($3.493,3) en Turkije ($2.608,7). De groei van de huishoudelijke uitgaven onder de leiders: Israël (6,6%), Verenigde Arabische Emiraten (5,8%), Turkije (4,3%), Koeweit (2,5%) en Saoedi-Arabië (0,68%).

de jaren 2000

De huishoudelijke uitgaven van Zuidwest-Azië bedroeg in de jaren 2000 US$738,8 miljard per jaar. Het aandeel in de wereld was 2,7%, en 11,3% in Azië.

Het aandeel van de huishoudelijke uitgaven in het BBP van Zuidwest-Azië was 49,7% in de jaren 2000, en was vergelijkbaar met Rusland (49,6%), de Seychellen (49,5%), Finland (49,4%).

De huishoudelijke uitgaven per hoofd in Zuidwest-Azië was $3.620,8 in de jaren 2000s, en was vergelijkbaar met Mauritius (US$3,7 duizend), Montenegro (US$3,5 duizend). De huishoudelijke uitgaven per hoofd in Zuidwest-Azië was 14,0% lager dan de huishoudelijke uitgaven per hoofd van de bevolking in de wereld ($4.208,2), en was in 2,2 keer hoger dan de huishoudelijke uitgaven per hoofd van de bevolking in Azië ($4.208,2).

De groei van de huishoudelijke uitgaven in Zuidwest-Azië bedroeg 5.1% in de jaren 2000, en was vergelijkbaar met Singapore (5,1%), Estland (5,1%). De groei van de huishoudelijke uitgaven in Zuidwest-Azië (5,1%) was groter dan de groei van de huishoudelijke uitgaven in de wereld (3,0%), was groter dan de groei van de huishoudelijke uitgaven in Azië (4,4%).

Vergelijking met subregio's. De huishoudelijke uitgaven van Zuidwest-Azië was groter dan in Zuidoost-Azië (US$582,4 miljard) en in

Centraal-Azië (US$52,4 miljard); maar minder dan in Oost-Azië (US$4,4 biljoen) en in Zuid-Azië (US$762,2 miljard). De huishoudelijke uitgaven per hoofd in Zuidwest-Azië was in Zuidwest-Azië groter dan in Oost-Azië (US$2,8 duizend), in Zuidoost-Azië (US$1.044,6), in Centraal-Azië (US$898,4) en in Zuid-Azië (US$484,0). De groei van de huishoudelijke uitgaven in Zuidwest-Azië was groter dan in Zuid-Azië (5,0%), in Zuidoost-Azië (4,9%) en in Oost-Azië (4,0%); maar minder dan in Centraal-Azië (5,7%).

Leiders. De huishoudelijke uitgaven van Zuidwest-Azië in de jaren 2000 bestond uit: Turkije (39,2%), Saoedi-Arabië (13,0%), Verenigde Arabische Emiraten (12,5%), Israël (11,6%), Irak (3,7%), en andere (20,0%). Het aandeel van de huishoudelijke uitgaven in BBP van de leiders: Turkije (62,9%), Israël (55,6%), Verenigde Arabische Emiraten (50,1%), Irak (46,3%) en Saoedi-Arabië (30,8%). De huishoudelijke uitgaven per hoofd in Zuidwest-Azië onder de leiders: Verenigde Arabische Emiraten ($18.948,6), Israël ($13.208,3), Turkije ($4.296,3), Saoedi-Arabië ($4.071,2) en Irak ($1.030,3). De groei van de huishoudelijke uitgaven onder de leiders: Irak (13,3%), Saoedi-Arabië (7,4%), Verenigde Arabische Emiraten (4,9%), Israël (3,8%) en Turkije (3,0%).

de jaren 2010

De huishoudelijke uitgaven van Zuidwest-Azië bedroeg in de jaren 2010 US$1,5 biljoen per jaar, en was vergelijkbaar met Frankrijk (US$1,5 biljoen), Afrika (US$1,5 biljoen). Het aandeel in de wereld was 3,3%, en 11,2% in Azië.

Het aandeel van de huishoudelijke uitgaven in het BBP van Zuidwest-Azië was 47,3% in de jaren 2010, en was vergelijkbaar met Azerbeidzjan (47,2%), Denemarken (47,1%).

De huishoudelijke uitgaven per hoofd in Zuidwest-Azië was $5.797,9 in de jaren 2010s, en was vergelijkbaar met Montenegro (US$5,7 duizend). De huishoudelijke uitgaven per hoofd in Zuidwest-Azië was 3,7% lager dan de huishoudelijke uitgaven per hoofd van de bevolking in de wereld ($6.018,5), en was 94,7% hoger dan de huishoudelijke uitgaven per hoofd van de bevolking in Azië ($6.018,5).

De groei van de huishoudelijke uitgaven in Zuidwest-Azië bedroeg 3.9% in de jaren 2010, en was vergelijkbaar met Guinee (3,8%), Guatemala (3,9%). De groei van de huishoudelijke uitgaven in Zuidwest-Azië (3,9%) was groter dan de groei van de huishoudelijke uitgaven in de wereld (2,8%), was minder dan de groei van de huishoudelijke uitgaven in Azië (4,9%).

Vergelijking met subregio's. De huishoudelijke uitgaven van Zuidwest-Azië was 3,0% groter dan in Zuidoost-Azië (US$1,4 biljoen) en 10,1 keer groter dan in Centraal-Azië (US$146,5 miljard); maar 5,5 keer minder dan in Oost-Azië (US$8,1 biljoen) en 24,1% minder dan in Zuid-Azië (US$1,9 biljoen). De huishoudelijke uitgaven per hoofd in Zuidwest-Azië was in Zuidwest-Azië17,0% groter dan in Oost-Azië (US$5,0 duizend), 2,6 keer groter dan in Zuidoost-Azië (US$2,3 duizend), 2,7 keer groter dan in Centraal-Azië (US$2,2 duizend) en 5,4 keer groter dan in Zuid-Azië (US$1.069,7). De groei van de huishoudelijke uitgaven in Zuidwest-Azië was minder dan in Centraal-Azië (6,6%), in Zuid-Azië (5,7%), in Zuidoost-Azië (5,2%) en in Oost-Azië (4,8%).

Leiders. De huishoudelijke uitgaven van Zuidwest-Azië in de jaren 2010 bestond uit: Turkije (34,7%), Saoedi-Arabië (16,7%), Israël (11,6%), Verenigde Arabische Emiraten (9,4%), Irak (6,7%), en andere (21,0%). Het aandeel van de huishoudelijke uitgaven in BBP van de leiders: Turkije (60,1%), Israël (55,1%), Irak (50,2%), Verenigde Arabische Emiraten (36,8%) en Saoedi-Arabië (35,1%). De huishoudelijke uitgaven per hoofd in Zuidwest-Azië onder de leiders: Israël ($21.515,2), Verenigde Arabische Emiraten ($14.925,8), Saoedi-Arabië ($7.903,8), Turkije ($6.575,8) en Irak ($2.844,3). De groei van de huishoudelijke uitgaven onder de leiders: Turkije (5,3%), Saoedi-Arabië (4,4%), Israël (4,1%), Irak (3,5%) en Verenigde Arabische Emiraten (2,0%).

Hoofdstuk XIV. Voedsel consumptie

Tijdens de onderzoeksperiode groeide de voedselconsumptie in specerijen (in 2,4 keer), vlees (in 2,1 keer), alcoholische dranken (met 97,2%), stimulerende middelen (met 83,6%), plantaardige oliën (met 80,1%), vis (met 69,6%), eieren (met 65,2%), noten (met 35,1%), suiker (met 15,7%), groenten (met 8,9%), zetmeelrijke wortels (met 8,5%), peulvruchten (met 7,9%), maar daalde in granen (met 2,4%), melk (met 5,7%), fruit (met 15,8%).

Dit zijn de correlatiecoëfficiënten tussen het bni per hoofd van de bevolking in constante prijzen en de voedselconsumptie: alcoholische dranken (0.963), specerijen (0.952), vlees (0.944), stimulerende middelen (0.943), noten (0.925), plantaardige oliën (0.88), vis (0.77), eieren (0.748), peulvruchten (0.469), suiker (0.438), groenten (0.204), zetmeelrijke wortels (0.005), melk (-0.333), granen (-0.59), fruit (-0.799).

de jaren 1970

De consumptie van kcal in Zuidwest-Azië was 2.789,8 kcal/hoofd/dag in the 1970s, and was on a par with Zuidelijk Afrika (2.768,0 kcal/hoofd/dag), Bermuda (2.816,2 kcal/hoofd/dag). De consumptie van kcal in Zuidwest-Azië was groter dan in de wereld (2.403,2 kcal/hoofd/dag), en was groter dan in Azië (2.080,9 kcal/hoofd/dag). De structuur van de consumptie: granen (53%), suiker (9%), plantaardige oliën (8.4%), melk (6.8%), fruit (5.7%), en anderen (17.1%).

De consumptie van eiwitten in Zuidwest-Azië was 80,7 g/hoofd/dag in the 1970s, and was on a par with Denemarken (80,4 g/hoofd/dag), Zuid-Korea (81,3 g/hoofd/dag). De consumptie van eiwitten in Zuidwest-Azië was groter dan in de wereld (65,0 g/hoofd/dag), en was groter dan in Azië (52,3 g/hoofd/dag). De structuur van de consumptie: granen (55.2%), melk (14.6%), vlees (8.6%), peulvruchten (5.7%), groenten (4.9%), en anderen (11%).

De consumptie van vet in Zuidwest-Azië was 65,4 g/hoofd/dag in the 1970s, and was on a par with Belize (65,3 g/hoofd/dag). De consumptie van vet in Zuidwest-Azië was groter dan in de wereld (55,1 g/hoofd/dag), en was groter dan in Azië (31,8 g/hoofd/dag). De structuur van de consumptie: plantaardige oliën (40.5%), melk (15.3%), vlees (11.3%), granen (10.6%), noten (3.6%), en anderen (18.7%).

Dit zijn niveaus van voedselconsumptie: granen (185,8 kg/hoofd/jr), groenten (142,5 kg/hoofd/jr), melk (122,5 kg/hoofd/jr), fruit (103,6 kg/hoofd/jr), zetmeelrijke wortels (30,4 kg/hoofd/jr), suiker (26,0 kg/hoofd/jr), vlees (18,7 kg/hoofd/jr), plantaardige oliën (9,7 kg/hoofd/jr), peulvruchten (7,9 kg/hoofd/jr), alcoholische dranken (5,2 kg/hoofd/jr), vis (4,7 kg/hoofd/jr), eieren (4,1 kg/hoofd/jr), noten (3,4 kg/hoofd/jr), stimulerende middelen (2,1 kg/hoofd/jr), specerijen (0,61 kg/hoofd/jr).

de jaren 1980

De consumptie van kcal in Zuidwest-Azië was 3.180,0 kcal/hoofd/dag in the 1980s, and was on a par with Irak (3.180,3 kcal/hoofd/dag), het Verenigd Koninkrijk (3.166,6 kcal/hoofd/dag), IJsland (3.197,5 kcal/hoofd/dag). De consumptie van kcal in Zuidwest-Azië was groter dan in de wereld (2.572,3 kcal/hoofd/dag), en was groter dan in Azië (2.333,4 kcal/hoofd/dag). De structuur van de consumptie: granen (51.7%), plantaardige oliën (10.5%), suiker (9.5%), melk (6%), fruit (5%), en anderen (17.3%).

De consumptie van eiwitten in Zuidwest-Azië was 91,2 g/hoofd/dag in the 1980s, and was on a par with Koeweit (91,2 g/hoofd/dag), Hongkong (90,9 g/hoofd/dag), Barbados (90,8 g/hoofd/dag). De consumptie van eiwitten in Zuidwest-Azië was groter dan in de wereld (69,1 g/hoofd/dag), en was groter dan in Azië (58,8 g/hoofd/dag). De structuur van de consumptie: granen (53.9%), melk (13.3%), vlees (11.1%), peulvruchten (5%), groenten (5%), en anderen (11.7%).

De consumptie van vet in Zuidwest-Azië was 79,9 g/hoofd/dag in the 1980s. De consumptie van vet in Zuidwest-Azië was groter dan in de wereld (63,2 g/hoofd/dag), en was groter dan in Azië (42,6 g/hoofd/dag). De structuur van de consumptie: plantaardige oliën (47.1%), melk (12.3%), vlees (11.8%), granen (9.5%), noten (2.5%), en anderen (16.8%).

Dit zijn niveaus van voedselconsumptie: granen (205,0 kg/hoofd/jr), groenten (163,2 kg/hoofd/jr), melk (126,2 kg/hoofd/jr), fruit (106,8 kg/hoofd/jr), zetmeelrijke wortels (36,7 kg/hoofd/jr), suiker (31,0 kg/hoofd/jr), vlees (27,0 kg/hoofd/jr), plantaardige oliën (13,9 kg/hoofd/jr), peulvruchten (8,0 kg/hoofd/jr), vis (7,1 kg/hoofd/jr), alcoholische dranken (5,9 kg/hoofd/jr), eieren (5,8 kg/hoofd/jr), noten (3,1 kg/hoofd/jr), stimulerende middelen (2,8 kg/hoofd/jr), specerijen (0,82 kg/hoofd/jr).

de jaren 1990

De consumptie van kcal in Zuidwest-Azië was 3.015,4 kcal/hoofd/dag in the 1990s, and was on a par with Roemenië (3.009,3 kcal/hoofd/dag), Zuid-Korea (3.007,6 kcal/hoofd/dag), Marokko (3.031,2 kcal/hoofd/dag). De consumptie van kcal in Zuidwest-Azië was groter dan in de wereld (2.652,6 kcal/hoofd/dag), en was groter dan in Azië (2.494,1 kcal/hoofd/dag). De structuur van de consumptie: granen (51.4%), plantaardige oliën (11.4%), suiker (9%), melk (5.3%), fruit (4.7%), en anderen (18.2%).

De consumptie van eiwitten in Zuidwest-Azië was 85,1 g/hoofd/dag in the 1990s, and was on a par with Barbados (84,9 g/hoofd/dag), Koeweit (85,5 g/hoofd/dag), Uruguay (84,5 g/hoofd/dag). De consumptie van eiwitten in Zuidwest-Azië was groter dan in de wereld (72,1 g/hoofd/dag), en was groter dan in Azië (65,3 g/hoofd/dag). De structuur van de consumptie: granen (54%), melk (11.5%), vlees (10.9%), peulvruchten (5.7%), groenten (5.5%), en anderen (12.4%).

De consumptie van vet in Zuidwest-Azië was 77,7 g/hoofd/dag in the 1990s, and was on a par with Ecuador (77,2 g/hoofd/dag), Oekraïne (77,1 g/hoofd/dag), Paraguay (77,0 g/hoofd/dag). De consumptie van vet in Zuidwest-Azië was groter dan in de wereld (69,0 g/hoofd/dag), en was groter dan in Azië (54,3 g/hoofd/dag). De structuur van de consumptie: plantaardige oliën (49.9%), melk (11.1%), vlees (10.7%), granen (9.1%), noten (3%), en anderen (16.2%).

Dit zijn niveaus van voedselconsumptie: granen (193,3 kg/hoofd/jr), groenten (164,1 kg/hoofd/jr), melk (101,9 kg/hoofd/jr), fruit (94,0 kg/hoofd/jr), zetmeelrijke wortels (40,3 kg/hoofd/jr), suiker (28,2 kg/hoofd/jr), vlees (25,1 kg/hoofd/jr), plantaardige oliën (14,3 kg/hoofd/jr), peulvruchten (8,5 kg/hoofd/jr), alcoholische dranken (7,7 kg/hoofd/jr), vis (6,9 kg/hoofd/jr), eieren (6,3 kg/hoofd/jr), noten (3,3 kg/hoofd/jr), stimulerende middelen (2,6 kg/hoofd/jr), specerijen (0,70 kg/hoofd/jr).

de jaren 2000

De consumptie van kcal in Zuidwest-Azië was 3.042,3 kcal/hoofd/dag in the 2000s, and was on a par with Iran (3.040,8 kcal/hoofd/dag), Brazilië (3.047,2 kcal/hoofd/dag), Wit-Rusland (3.032,5 kcal/hoofd/dag). De consumptie van kcal in Zuidwest-Azië was groter dan in de wereld (2.765,9 kcal/hoofd/dag), en was groter dan in Azië (2.619,0 kcal/hoofd/dag). De structuur van de consumptie: granen (50%), plantaardige oliën (12.6%), suiker (9.1%), melk (5.2%), fruit (4.3%), en anderen (18.8%).

De consumptie van eiwitten in Zuidwest-Azië was 85,4 g/hoofd/dag in the 2000s, and was on a par with Bosnië en Herzegovina (85,4 g/hoofd/dag), Barbados (86,0 g/hoofd/dag), Uruguay (84,7 g/hoofd/dag). De consumptie van eiwitten in Zuidwest-Azië was groter dan in de wereld (76,5 g/hoofd/dag), en was groter dan in Azië (70,9 g/hoofd/dag). De structuur van de consumptie: granen (51.8%), vlees (13.2%), melk (11.2%), groenten (5.5%), peulvruchten (5.2%), en anderen (13.1%).

De consumptie van vet in Zuidwest-Azië was 83,8 g/hoofd/dag in the 2000s, and was on a par with Servië (84,0 g/hoofd/dag), Jamaica (83,5 g/hoofd/dag). De consumptie van vet in Zuidwest-Azië was groter dan in de wereld (76,9 g/hoofd/dag), en was groter dan in Azië (64,4 g/hoofd/dag). De structuur van de consumptie: plantaardige oliën (51.5%), vlees (10.9%), melk (10.2%), granen (8.4%), noten (3.1%), en anderen (15.9%).

Dit zijn niveaus van voedselconsumptie: granen (187,9 kg/hoofd/jr), groenten (164,3 kg/hoofd/jr), melk (100,1 kg/hoofd/jr), fruit (86,8 kg/hoofd/jr), zetmeelrijke wortels (38,8 kg/hoofd/jr), vlees (30,6 kg/hoofd/jr), suiker (28,9 kg/hoofd/jr), plantaardige oliën (15,9 kg/hoofd/jr), alcoholische dranken (8,8 kg/hoofd/jr), peulvruchten (7,7 kg/hoofd/jr), vis (7,6 kg/hoofd/jr), eieren (6,6 kg/hoofd/jr), noten (3,6 kg/hoofd/jr), stimulerende middelen (3,2 kg/hoofd/jr), specerijen (0,95 kg/hoofd/jr).

de jaren 2010

De consumptie van kcal in Zuidwest-Azië was 3.141,0 kcal/hoofd/dag in the 2010s, and was on a par with Letland (3.141,5 kcal/hoofd/dag), Albanië (3.146,3 kcal/hoofd/dag), Nieuw-Zeeland (3.135,0 kcal/hoofd/dag). De consumptie van kcal in Zuidwest-Azië was groter dan in de wereld (2.869,3 kcal/hoofd/dag), en was groter dan in Azië (2.759,8 kcal/hoofd/dag). De structuur van de consumptie: granen (47.3%), plantaardige oliën (13.4%), suiker (9.2%), melk (5.9%), vlees (5%), en anderen (19.2%).

De consumptie van eiwitten in Zuidwest-Azië was 89,0 g/hoofd/dag in the 2010s, and was on a par with Mauritius (88,8 g/hoofd/dag), Brunei (89,2 g/hoofd/dag), Bermuda (89,4 g/hoofd/dag). De consumptie van eiwitten in Zuidwest-Azië was groter dan in de wereld (80,6 g/hoofd/dag), en was groter dan in Azië (76,7 g/hoofd/dag). De structuur van de consumptie: granen (47.8%), vlees (15.9%), melk (12.5%), peulvruchten (5.5%), groenten (5.1%), en anderen (13.2%).

De consumptie van vet in Zuidwest-Azië was 94,0 g/hoofd/dag in the 2010s, and was on a par with China (94,1 g/hoofd/dag), Oost-Azië (93,5 g/hoofd/dag), Fiji (93,5 g/hoofd/dag). De consumptie van vet in Zuidwest-Azië was groter dan in de wereld (82,4 g/hoofd/dag), en was groter dan in Azië (72,1 g/hoofd/dag). De structuur van de consumptie: plantaardige oliën (50.6%), vlees (11.4%), melk (10.6%), granen (7.6%), noten (3.3%), en anderen (16.5%).

Dit zijn niveaus van voedselconsumptie: granen (181,4 kg/hoofd/jr), groenten (155,2 kg/hoofd/jr), melk (115,9 kg/hoofd/jr), fruit (89,4 kg/hoofd/jr), vlees (38,4 kg/hoofd/jr), zetmeelrijke wortels (33,0 kg/hoofd/jr), suiker (30,1 kg/hoofd/jr), plantaardige oliën (17,5 kg/hoofd/jr), alcoholische dranken (10,2 kg/hoofd/jr), peulvruchten (8,5 kg/hoofd/jr), vis (8,0 kg/hoofd/jr), eieren (6,7 kg/hoofd/jr), noten (4,6 kg/hoofd/jr), stimulerende middelen (3,8 kg/hoofd/jr), specerijen (1,5 kg/hoofd/jr).

Part V. Reproductie

Index van Koesjnir, (-) consumptie - (+) reproductie

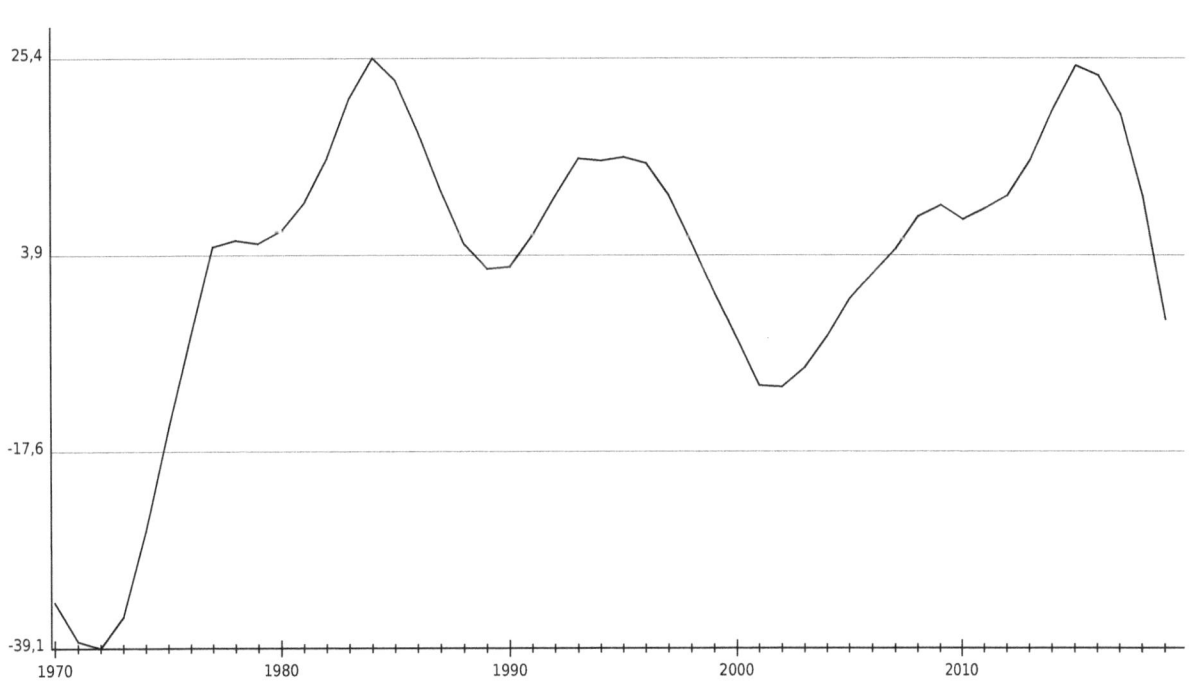

Hoofdstuk XV. Bruto-investeringen in vaste activa

De bruto-investeringen in vaste activa van Zuidwest-Azië steeg van US$37,9 miljard per jaar in de jaren 1970 tot US$758,3 miljard per jaar in de jaren 2010, dat wil zeggen met US$720,4 miljard of 20,0 keer. De verandering vond plaats op US$491,6 miljard als gevolg van een 2,8-voudige stijging van de prijzen, en ook op US$152,5 miljard als gevolg van een 2,3-voudige toename van het tarief per hoofd , evenals op US$76,3 miljard als gevolg van de toename van de bevolking. De gemiddelde jaarlijkse groei van de investeringen in vaste activa is 5,5%. De minimumwaarde van de investeringen in vaste activa bedroeg US$9,1 miljard in 1970. De maximumwaarde van de investeringen in vaste activa bedroeg US$838,6 miljard in 2014.

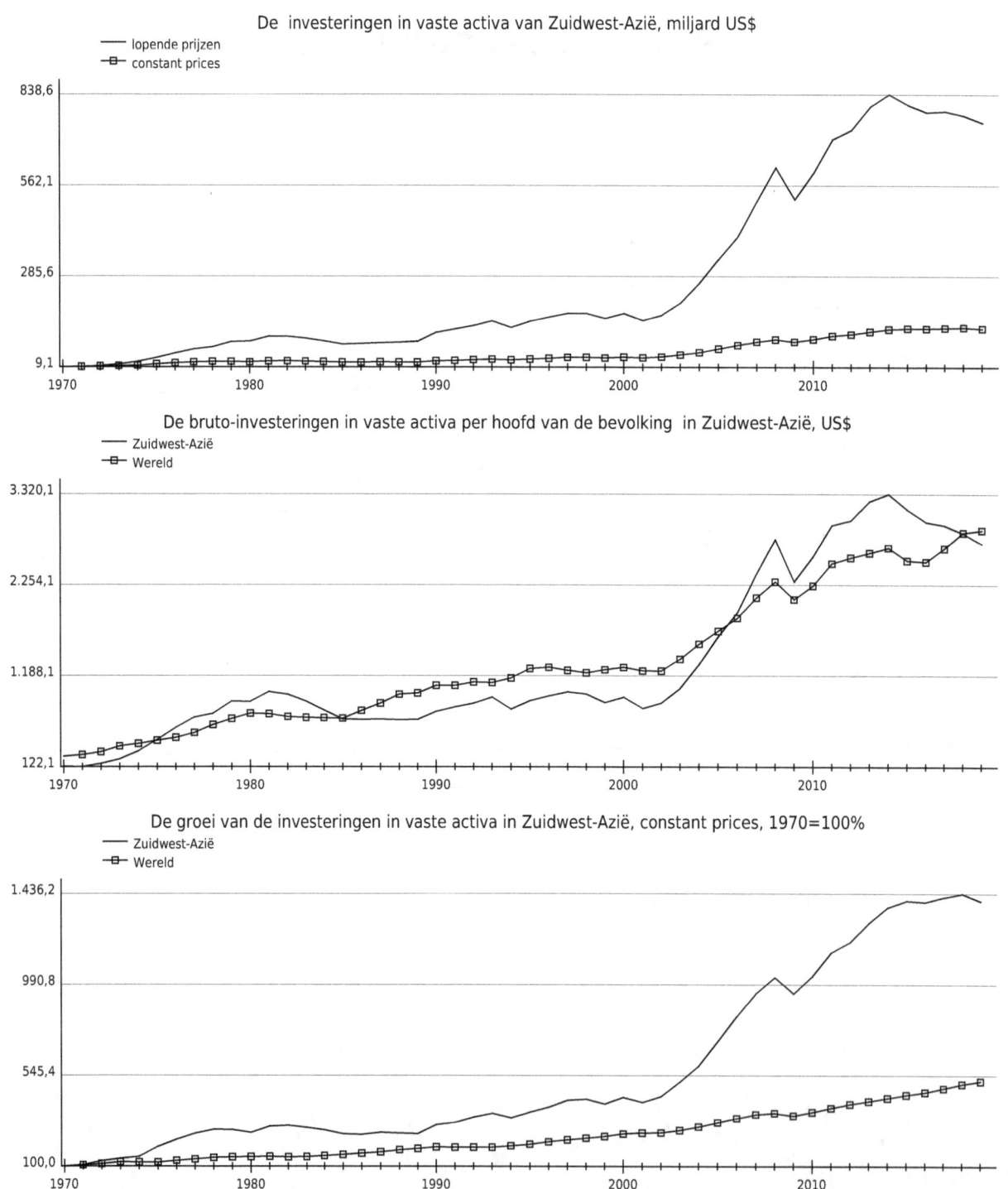

De investeringen in vaste activa van Zuidwest-Azië, miljard US$

De bruto-investeringen in vaste activa per hoofd van de bevolking in Zuidwest-Azië, US$

De groei van de investeringen in vaste activa in Zuidwest-Azië, constant prices, 1970=100%

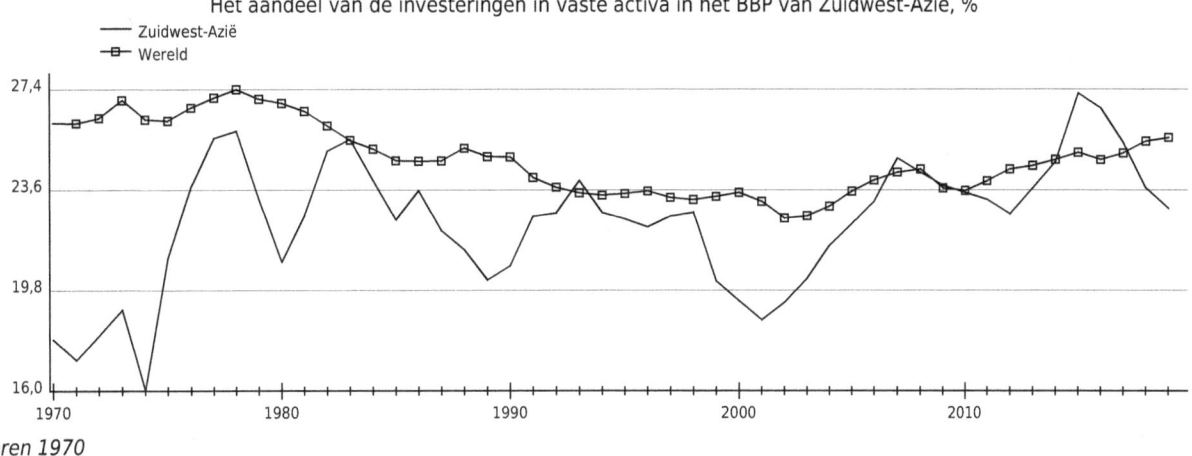

Het aandeel van de investeringen in vaste activa in het BBP van Zuidwest-Azië, %

de jaren 1970

De bruto-investeringen in vaste activa van Zuidwest-Azië bedroeg in de jaren 1970 US$37,9 miljard per jaar, en was vergelijkbaar met Canada (US$38,6 miljard). Het aandeel in de wereld was 2,2%, en 10,8% in Azië.

Het aandeel van de investeringen in vaste activa in het BBP van Zuidwest-Azië was 22,3% in de jaren 1970, en was vergelijkbaar met de Verenigde Staten (22,3%), Noord-Amerika (22,4%), Qatar (22,2%).

De bruto-investeringen in vaste activa per hoofd in Zuidwest-Azië was $449,0 in de jaren 1970s, en was vergelijkbaar met Anguilla (US$444,0), Suriname (US$455,4). De bruto-investeringen in vaste activa per hoofd in Zuidwest-Azië was 3,6% hoger dan de investeringen in vaste activa per hoofd van de bevolking in de wereld ($433,5), en was in 3,0 keer hoger dan de investeringen in vaste activa per hoofd van de bevolking in Azië ($433,5).

De groei van de investeringen in vaste activa in Zuidwest-Azië bedroeg 12.1% in de jaren 1970. De groei van de investeringen in vaste activa in Zuidwest-Azië (12,1%) was groter dan de groei van de investeringen in vaste activa in de wereld (4,2%), was groter dan de groei van de investeringen in vaste activa in Azië (6,2%).

Vergelijking met subregio's. De bruto-investeringen in vaste activa van Zuidwest-Azië was groter dan in Zuidoost-Azië (US$19,8 miljard); maar minder dan in Oost-Azië (US$251,1 miljard) en in Zuid-Azië (US$42,0 miljard). De investeringen in vaste activa per hoofd in Zuidwest-Azië was in Zuidwest-Azië groter dan in Oost-Azië (US$229,2), in Zuidoost-Azië (US$62,7) en in Zuid-Azië (US$50,9). De groei van de investeringen in vaste activa in Zuidwest-Azië was groter dan in Zuidoost-Azië (10,7%), in Zuid-Azië (6,3%) en in Oost-Azië (5,1%).

Leiders. De bruto-investeringen in vaste activa van Zuidwest-Azië in de jaren 1970 bestond uit: Turkije (30,2%), Saoedi-Arabië (26,8%), Verenigde Arabische Emiraten (13,3%), Israël (9,8%), Koeweit (3,8%), en andere (16,1%). Het aandeel van de investeringen in vaste activa in BBP van de leiders: Verenigde Arabische Emiraten (37,2%), Israël (28,5%), Saoedi-Arabië (22,1%), Turkije (18,8%) en Koeweit (13,1%). De bruto-investeringen in vaste activa per hoofd in Zuidwest-Azië onder de leiders: Verenigde Arabische Emiraten ($9.374,7), Koeweit ($1.423,9), Saoedi-Arabië ($1.384,1), Israël ($1.145,8) en Turkije ($294,7). De groei van de investeringen in vaste activa onder de leiders: Saoedi-Arabië (20,8%), Verenigde Arabische Emiraten (18,9%), Koeweit (13,8%), Turkije (4,5%) en Israël (3,6%).

de jaren 1980

De bruto-investeringen in vaste activa van Zuidwest-Azië bedroeg in de jaren 1980 US$88,7 miljard per jaar. Het aandeel in de wereld was 2,3%, en 9,0% in Azië.

Het aandeel van de investeringen in vaste activa in het BBP van Zuidwest-Azië was 22,7% in de jaren 1980, en was vergelijkbaar met Dominica (22,7%), Spanje (22,7%), Andorra (22,7%).

De investeringen in vaste activa per hoofd in Zuidwest-Azië was $780,4 in de jaren 1980s, en was vergelijkbaar met de Wereld (US$790,9), Algerije (US$762,5), Puerto Rico (US$799,3). De bruto-investeringen in vaste activa per hoofd in Zuidwest-Azië was 1,3% lager dan de investeringen in vaste activa per hoofd van de bevolking in de wereld ($790,9), en was in 2,2 keer hoger dan de investeringen in vaste activa per hoofd van de bevolking in Azië ($790,9).

De groei van de investeringen in vaste activa in Zuidwest-Azië bedroeg -0.7% in de jaren 1980, en was vergelijkbaar met Congo-Brazzaville (-0,73%). De groei van de investeringen in vaste activa in Zuidwest-Azië (-0,73%) was minder dan de groei van de investeringen in vaste activa in de wereld (2,5%), was minder dan de groei van de investeringen in vaste activa in Azië (4,8%).

Vergelijking met subregio's. De investeringen in vaste activa van Zuidwest-Azië was groter dan in Zuidoost-Azië (US$63,6 miljard); maar minder dan in Oost-Azië (US$737,1 miljard) en in Zuid-Azië (US$101,2 miljard). De investeringen in vaste activa per hoofd in Zuidwest-Azië was in Zuidwest-Azië groter dan in Oost-Azië (US$576,9), in Zuidoost-Azië (US$160,4) en in Zuid-Azië (US$96,5). De groei van de investeringen in vaste activa in Zuidwest-Azië was minder dan in Zuidoost-Azië (6,9%), in Oost-Azië (5,6%) en in Zuid-Azië (2,5%).

Leiders. De investeringen in vaste activa van Zuidwest-Azië in de jaren 1980 bestond uit: Saoedi-Arabië (30,7%), Turkije (24,2%), Verenigde Arabische Emiraten (13,9%), Israël (8,3%), Koeweit (4,4%), en andere (18,5%). Het aandeel van de investeringen in vaste activa in BBP van de leiders: Verenigde Arabische Emiraten (29,5%), Saoedi-Arabië (22,5%), Israël (21,7%), Turkije (20,7%) en Koeweit (17,3%). De bruto-investeringen in vaste activa per hoofd in Zuidwest-Azië onder de leiders: Verenigde Arabische Emiraten ($9.135,2), Koeweit ($2.260,8), Saoedi-Arabië ($2.142,3), Israël ($1.839,3) en Turkije ($442,1). De groei van de investeringen in vaste activa onder de leiders: Turkije (6,6%), Israël (-0,094%), Verenigde Arabische Emiraten (-3,6%), Saoedi-Arabië (-3,7%) en Koeweit (-3,8%).

de jaren 1990

De investeringen in vaste activa van Zuidwest-Azië bedroeg in de jaren 1990 US$146,5 miljard per jaar, en was vergelijkbaar met Zuid-Azië (US$148,0 miljard). Het aandeel in de wereld was 2,2%, en 6,4% in Azië.

Het aandeel van de investeringen in vaste activa in het BBP van Zuidwest-Azië was 22,2% in de jaren 1990, en was vergelijkbaar met Griekenland (22,2%), de Nederland (22,2%), Sri Lanka (22,2%).

De bruto-investeringen in vaste activa per hoofd in Zuidwest-Azië was $890,4 in de jaren 1990s, en was vergelijkbaar met Trinidad en Tobago (US$900,9), Uruguay (US$903,3), Estland (US$872,4). De bruto-investeringen in vaste activa per hoofd in Zuidwest-Azië was 24,8% lager dan de investeringen in vaste activa per hoofd van de bevolking in de wereld ($1.183,8), en was 34,6% hoger dan de investeringen in vaste activa per hoofd van de bevolking in Azië ($1.183,8).

De groei van de investeringen in vaste activa in Zuidwest-Azië bedroeg 4.6% in de jaren 1990, en was vergelijkbaar met Noord-Amerika (4,5%), Guinee (4,6%), Fiji (4,6%). De groei van de investeringen in vaste activa in Zuidwest-Azië (4,6%) was groter dan de groei van de investeringen in vaste activa in de wereld (2,8%), was groter dan de groei van de investeringen in vaste activa in Azië (4,3%).

Vergelijking met subregio's. De bruto-investeringen in vaste activa van Zuidwest-Azië was groter dan in Centraal-Azië (US$12,1 miljard); maar minder dan in Oost-Azië (US$1,8 biljoen), in Zuidoost-Azië (US$171,1 miljard) en in Zuid-Azië (US$148,0 miljard). De bruto-investeringen in vaste activa per hoofd in Zuidwest-Azië was in Zuidwest-Azië groter dan in Zuidoost-Azië (US$355,4), in Centraal-Azië (US$228,8) en in Zuid-Azië (US$113,0); maar minder dan in Oost-Azië (US$1.245,8). De groei van de investeringen in vaste activa in Zuidwest-Azië was groter dan in Oost-Azië (4,1%), in Zuidoost-Azië (3,6%) en in Centraal-Azië (-12,0%); maar minder dan in Zuid-Azië (6,3%).

Leiders. De bruto-investeringen in vaste activa van Zuidwest-Azië in de jaren 1990 bestond uit: Turkije (37,0%), Saoedi-Arabië (18,9%), Israël (15,3%), Verenigde Arabische Emiraten (10,8%), Koeweit (2,6%), en andere (15,5%). Het aandeel van de investeringen in vaste activa in BBP van de leiders: Israël (24,3%), Verenigde Arabische Emiraten (24,0%), Turkije (23,1%), Saoedi-Arabië (19,3%) en Koeweit (15,9%). De investeringen in vaste activa per hoofd in Zuidwest-Azië onder de leiders: Verenigde Arabische Emiraten ($6.655,1), Israël ($4.342,2), Koeweit ($2.117,0), Saoedi-Arabië ($1.507,1) en Turkije ($932,8). De groei van de investeringen in vaste activa onder de leiders: Israël (10,5%), Koeweit (5,7%), Turkije (4,4%), Saoedi-Arabië (3,8%) en Verenigde Arabische Emiraten (2,5%).

de jaren 2000

De bruto-investeringen in vaste activa van Zuidwest-Azië bedroeg in de jaren 2000 US$335,2 miljard per jaar. Het aandeel in de wereld was 3,0%, en 9,4% in Azië.

Het aandeel van de investeringen in vaste activa in het BBP van Zuidwest-Azië was 22,5% in de jaren 2000, en was vergelijkbaar met Kameroen (22,5%), Senegal (22,5%), Mauritius (22,6%).

De bruto-investeringen in vaste activa per hoofd in Zuidwest-Azië was $1.642,9 in de jaren 2000s, en was vergelijkbaar met Oost-Azië (US$1.652,2), Chili (US$1.626,4), Polen (US$1.678,5). De bruto-investeringen in vaste activa per hoofd in Zuidwest-Azië was 2,8% lager dan de investeringen in vaste activa per hoofd van de bevolking in de wereld ($1.690,7), en was 81,4% hoger dan de investeringen in vaste activa per hoofd van de bevolking in Azië ($1.690,7).

De groei van de investeringen in vaste activa in Zuidwest-Azië bedroeg 8.9% in de jaren 2000. De groei van de investeringen in vaste activa in Zuidwest-Azië (8,9%) was groter dan de groei van de investeringen in vaste activa in de wereld (3,5%), was groter dan de groei van de investeringen in vaste activa in Azië (6,8%).

Vergelijking met subregio's. De bruto-investeringen in vaste activa van Zuidwest-Azië was groter dan in Zuidoost-Azië (US$245,1 miljard) en in Centraal-Azië (US$26,6 miljard); maar minder dan in Oost-Azië (US$2,6 biljoen) en in Zuid-Azië (US$396,8 miljard). De investeringen in vaste activa per hoofd in Zuidwest-Azië was in Zuidwest-Azië groter dan in Centraal-Azië (US$456,7), in Zuidoost-Azië (US$439,7) en in Zuid-Azië (US$252,0); maar minder dan in Oost-Azië (US$1.652,2). De groei van de investeringen in vaste activa in Zuidwest-Azië was groter dan in Zuid-Azië (8,7%), in Zuidoost-Azië (6,4%) en in Oost-Azië (6,3%); maar minder dan in Centraal-Azië (11,9%).

Leiders. De bruto-investeringen in vaste activa van Zuidwest-Azië in de jaren 2000 bestond uit: Turkije (34,1%), Saoedi-Arabië (19,6%), Verenigde Arabische Emiraten (11,8%), Israël (9,0%), Qatar (5,7%), en andere (19,7%). Het aandeel van de investeringen in vaste activa in BBP van de leiders: Qatar (37,3%), Turkije (24,8%), Verenigde Arabische Emiraten (21,6%), Saoedi-Arabië (21,2%) en Israël (19,6%). De bruto-investeringen in vaste activa per hoofd in Zuidwest-Azië onder de leiders: Qatar ($20.000,5), Verenigde Arabische Emiraten ($8.145,8), Israël ($4.653,4), Saoedi-Arabië ($2.795,3) en Turkije ($1.698,1). De groei van de investeringen in vaste activa onder de leiders: Qatar (28,9%), Saoedi-Arabië (11,3%), Verenigde Arabische Emiraten (10,0%), Turkije (6,4%) en Israël (1,2%).

de jaren 2010

De bruto-investeringen in vaste activa van Zuidwest-Azië bedroeg in de jaren 2010 US$758,3 miljard per jaar, en was vergelijkbaar met Duitsland (US$752,5 miljard). Het aandeel in de wereld was 3,9%, en 8,6% in Azië.

Het aandeel van de investeringen in vaste activa in het BBP van Zuidwest-Azië was 24,3% in de jaren 2010, en was vergelijkbaar met Noord-Macedonië (24,3%), Thailand (24,3%), Roemenië (24,3%).

De bruto-investeringen in vaste activa per hoofd in Zuidwest-Azië was $2.980,9 in de jaren 2010s, en was vergelijkbaar met Uruguay (US$3,0 duizend), Litouwen (US$3,0 duizend), Trinidad en Tobago (US$2,9 duizend). De investeringen in vaste activa per hoofd in Zuidwest-Azië was 13,7% hoger dan de investeringen in vaste activa per hoofd van de bevolking in de wereld ($2.621,1), en was 48,5% hoger dan de investeringen in vaste activa per hoofd van de bevolking in Azië ($2.621,1).

De groei van de investeringen in vaste activa in Zuidwest-Azië bedroeg 4% in de jaren 2010. De groei van de investeringen in vaste activa in Zuidwest-Azië (4,0%) was minder dan de groei van de investeringen in vaste activa in de wereld (4,1%), was minder dan de groei van de investeringen in vaste activa in Azië (6,0%).

Vergelijking met subregio's. De bruto-investeringen in vaste activa van Zuidwest-Azië was 7,0% groter dan in Zuidoost-Azië (US$709,0 miljard) en 9,4 keer groter dan in Centraal-Azië (US$80,3 miljard); maar 8,4 keer minder dan in Oost-Azië (US$6,4 biljoen) en 19,1% minder dan in Zuid-Azië (US$937,8 miljard). De bruto-investeringen in vaste activa per hoofd in Zuidwest-Azië was in Zuidwest-Azië2,5 keer groter dan in Centraal-Azië (US$1.182,3), 2,6 keer groter dan in Zuidoost-Azië (US$1.125,1) en 5,8 keer groter dan in Zuid-Azië (US$516,4); maar 23,2% minder dan in Oost-Azië (US$3,9 duizend). De groei van de investeringen in vaste activa in Zuidwest-Azië was minder dan in Centraal-Azië (8,4%), in Oost-Azië (6,3%), in Zuidoost-Azië (6,2%) en in Zuid-Azië (4,7%).

Leiders. De investeringen in vaste activa van Zuidwest-Azië in de jaren 2010 bestond uit: Turkije (31,6%), Saoedi-Arabië (22,2%), Verenigde Arabische Emiraten (10,1%), Qatar (8,3%), Israël (8,3%), en andere (19,4%). Het aandeel van de investeringen in vaste activa in BBP van de leiders: Qatar (36,3%), Turkije (28,1%), Saoedi-Arabië (24,0%), Verenigde Arabische Emiraten (20,4%) en Israël (20,4%). De bruto-investeringen in vaste activa per hoofd in Zuidwest-Azië onder de leiders: Qatar ($25.831,2), Verenigde Arabische Emiraten ($8.280,9), Israël ($7.950,6), Saoedi-Arabië ($5.415,4) en Turkije ($3.077,4). De groei van de investeringen in vaste activa onder de leiders: Turkije (7,0%), Qatar (6,7%), Israël (5,3%), Saoedi-Arabië (3,4%) en Verenigde Arabische Emiraten (-0,73%).